V&R

Nach der Katastrophe

Das Grubenunglück von Borken

Ein Erfahrungsbericht über drei Jahre psychosoziale Hilfe

Herausgegeben von der
Arbeitsgruppe Stolzenbachhilfe:
A. Brandtner, E. Karaçiçek, G. Koptagel-Ilal,
E. Lohr, W. Lohr, G. Pieper, L. Römer, H. Schelberg,
W. Schüffel, H. Schwarz, M. Viernau, R. Würtz

Mit 10 Abbildungen

Vandenhoeck & Ruprecht
in Göttingen

Die Deutsche Bibliothek – CIP-Einheitsaufnahme

Nach der Katastrophe: das Grubenunglück von Borken;
ein Erfahrungsbericht über drei Jahre psychosoziale Hilfe /
Arbeitsgruppe Stolzenbachhilfe (Hrsg.). –
Göttingen: Vandenhoeck und Ruprecht, 1992
ISBN 3-525-45751-0
NE: Arbeitsgruppe Stolzenbachhilfe

Satz: Text & Form, Hannover
Druck und Bindearbeiten: Hubert & Co., Göttingen

Inhalt

Einleitung

Am 1. Juni 1988 kamen im hessischen Borken, bei einem verheerenden Grubenunglück im Braunkohlentiefbau Stolzenbach, 51 Bergleute ums Leben. Sechs gerettete und acht über Tage verletzte Bergleute waren »noch einmal davongekommen« und hatten doch ihre Kameraden verloren. Angehörige, Freunde, Arbeitskollegen, Vereinskameraden und Nachbarn standen fassungslos vor dieser Katastrophe.

Unmittelbar nach dem Unglück fanden sich Fachleute unterschiedlicher Disziplinen in der Arbeitsgruppe Stolzenbachhilfe zusammen. Ihr Ziel: Gemeinsam ein umfassendes, langfristig angelegtes Hilfsprogramm zu entwickeln und durchzuführen.

Vier Jahre nach dem Unglück legt nun die Arbeitsgruppe Stolzenbachhilfe mit diesem Buch ihren Erfahrungsbericht vor, der beschreibt, wie die Betroffenen aus der Verzweiflung heraus Wege zum Weiterleben gefunden haben – und vor allem, welche Rolle dabei die Stolzenbachhilfe gespielt hat. Das Buch berichtet über die Mühen, die es gekostet hat, diese Wege zu beschreiten, als direkt Betroffene, als Helferinnen und Helfer. Es will aber auch Mut machen, denn es gibt gangbare Wege. Sie können herausführen aus der Trauer und dem Leid, hin zu einer neuen Perspektive, die aber das Schwere nicht verdrängt.

Erfahrungsbericht:
Rechenschaft geben und Mut machen

Unser Buch ist ein Erfahrungsbericht. Wir wollen weder eine Theorie der psychosozialen Katastrophenhilfe entwickeln noch eine Gebrauchsanweisung für zukünftige Hilfen im Katastrophenfall liefern. Patentrezepte gibt es nicht. Die Wissenschaft hat uns geholfen, Sachverständige haben ihr Wissen und ihre Erfahrung eingebracht. Unsere Erfahrungen wissenschaftlich weiterzuentwickeln, geht als Aufgabe wiederum an diese Sachverständigen zurück. Mit unserem Bericht wollen wir uns und den Menschen, mit denen und für die wir gearbeitet haben, Rechenschaft über unser Handeln geben. Wenn wir unsere Erfahrungen zur Sprache bringen, möchten wir zugleich zeigen, daß es auch für andere Menschen, die mit ähnlichem Unglück konfrontiert sein könnten, Wege zum Weiter-Leben geben kann. (Selbst-)Hilfe ist möglich. Es kommt darauf an, sich nicht vereinzeln zu lassen, sondern sich auszutauschen, Hilfen zu koordinieren und gemeinsam mit den Betroffenen den schweren Weg der Trauer mitzugehen.

Ein Weg über drei Jahre – und darüber hinaus

Die Gliederung unseres Buches orientiert sich an dieser Erfahrung. Über die chronologische Beschreibung der einzelnen Jahre hinaus sind mit den Überschriften zugleich auch zentrale inhaltliche Fragen angesprochen.

Das erste Jahr war beherrscht von *Chaos*, *Verzweiflung* und *Trauer*. Lebensperspektiven waren zusammengebrochen, Familien ihres Vaters, Ehemanns, Sohnes beraubt.

Im zweiten Jahr stand mit der ersten Gedenkfeier der Aspekt der *Erinnerung* im Vordergrund. Im gemeinsamen Gedenken wurde ein Zusammenhalt der Trauernden spürbar. Die *Gemeinschaft*, die bestand, wuchs weiter. Die Gruppen der Witwen und Lebensgefährtinnen, Mütter und Väter, Verletzten, Geretteten und Betriebsangehörigen trafen sich, um ihre schmerzlichen Erfahrungen zu teilen. Doch gerade hier wurde auch immer wieder die *Unruhe* spürbar, die noch alle beherrschte. Denn die Erinnerung schmerzte.

Im dritten Jahr schließlich gewann das Leben für die meisten der Angehörigen wieder eine *Perspektive*. Noch immer war der Rückblick mit Trauer verbunden, doch für die Gestaltung der Zukunft wurden jetzt *neue Kräfte* spürbar. Der Alltag ließ sich wieder meistern. Die meisten der Trauernden fanden einen neuen Weg für ihr Leben. Mit der Gedenkfeier am dritten

Jahrestag des Unglücks wurde das *Gedenken* auch an der Stätte der Katastrophe wieder möglich: Das ehemalige Grubengelände war umgestaltet worden zu einer Gedenkstätte für alle im Borkener Braunkohlenbergbau ums Leben gekommenen Bergleute.

Die Stichworte der drei Jahre lassen auch eine Lesart »von oben nach unten« zu und machen gerade dadurch den beschrittenen Weg deutlich.

- Das anfängliche *Chaos* lichtet sich. Indem die *Unruhe* zugelassen wird, die Hilfen niemanden »ruhigstellen« wollen, gewinnt das Leben eine *Perspektive* für die Zukunft.
- Die *Verzweiflung* der einzelnen bleibt nicht im Privaten stekken. Dort, wo es gelingt, sie in einer *Gemeinschaft* zu teilen, wachsen *neue Kräfte*.
- Und schließlich wächst aus der *Trauer* die Kraft für die *Erinnerung*, nicht nur in den Familien. Aus der kollektiven Trauer heraus wird auch ein gemeinschaftliches *Gedenken* möglich.

Im Ausblick wird schließlich deutlich, daß eine Arbeit wie die der Arbeitsgruppe Stolzenbachhilfe nicht abrupt enden kann. So wie die Betroffenen miteinander und mit den Helferinnen und Helfern Kontakt halten werden, so wird auch die Arbeitsgruppe Stolzenbachhilfe selbst weiterbestehen. Auch nach fünf Jahren, nach zehn Jahren wird die Aufgabe bleiben: Wie können wir in Würde der Toten gedenken und dem Weiter-Leben zugewandt bleiben?

Unser Anfang: Gemeinsam helfen

Der Weg, den wir mit unserem Bericht beschreiben, führt uns zunächst in die ersten Stunden und Tage nach dem Unglück zurück. Schon damals haben einige der Helferinnen und Helfer spontan den Austausch in ihren Gruppen gesucht: Werksfürsorgerinnen, Ärzte und Ärztinnen, Pfarrerinnen und Pfarrer, Betriebsangehörige und DRK-Mitarbeiter und -Mitarbeiterinnen. Aufgrund der Initiative von Prof. Dr. Wolfram Schüffel von der Psychosomatischen Abteilung im Zentrum für Innere Medizin der Universitätsklinik Marburg kam es schon acht Tage nach dem Unglück zur konstituierenden Sitzung der Ar-

beitsgruppe Stolzenbachhilfe. In ihr fanden sich Ärzte und
Psychologen, Werksfürsorgerinnen, Betriebsrat, Betriebs- und
Unternehmensleitung, Geistliche, Lehrer und das DRK zu einer interdisziplinären Arbeit zusammen, um die bestmögliche
Betreuung der Betroffenen zu gewährleisten.

Wir haben es als hilfreich erlebt, daß wir gleich zu Beginn
unserer Arbeit konkret formulieren konnten, wem unsere Hilfe
galt. Dabei haben wir verschiedene Gruppen benannt:

– die 51 Toten,
– die 50 Familien der Toten und ihre 81 Kinder,
– die acht Verletzten und die sechs Geretteten,
– die Akut-Helfer: die Helfer im engeren Sinne (Grubenwehr,
  Feuerwehr etc.),
– die Langzeithelfer: die Helfer im weiteren Sinne (DRK-
  Helfer, Sozialarbeiter, Seelsorger, Pädagogen etc.),
– die Arbeitskollegen.

Hilfsprogramm als Leitlinie

In unserem Hilfsprogramm hatten wir formuliert: »*Für die
Betroffenen des Grubenunglücks in Stolzenbach werden Hilfen angeboten, die der Entstehung von Krankheiten und/oder Befindensstörungen sowie psychosozialer Dekompensation entgegenwirken.*«
Dabei standen wir zwangsläufig vor vielen ungeklärten Fragen: Wie lichtet sich das Chaos der ersten Tage und Wochen?
Was hilft auf dem Weg der Trauer? Werden neue Perspektiven
möglich, ohne das Erlebte zu verdrängen? Unser Erfahrungsbericht wird auch darüber Aufschluß geben müssen, wie wir
versucht haben, diese Fragen zu beantworten und Hilfen zu
gestalten, welche Schwierigkeiten und Rückschläge zu überwinden waren, und ob bei den Betroffenen rückblickende
Erinnerung und neue Kräfte für die Zukunft gleichermaßen
wachsen konnten.

Mit der Entwicklung des Hilfsprogramms war für uns nicht
ein Rezept ausgestellt, an dem wir die Arbeit nur noch auszurichten hatten. Vielmehr war eine Leitlinie formuliert, die uns
immer wieder nötigte, unser Konzept entsprechend den tatsächlichen Bedürfnissen zu modifizieren. Dabei veränderte sich im
Laufe der Zeit auch die Gewichtung und Ausrichtung der

einzelnen Hilfsangebote. Die psychotherapeutisch betreuten Gruppen zum Beispiel arbeiteten unterschiedlich lang. Die Hausbesuche der Werksfürsorge veränderten im Laufe der Zeit ihren Charakter. Die medizinische Versorgung trat gegenüber der psychosozialen Begleitung zurück.

Sosehr das Hilfsprogramm als Leitlinie uns zur Veränderung der Hilfen anregte, setzte es uns doch auch eine Grenze: »*Das Hilfsprogramm erstreckt sich zunächst bis zum 31.12.1991*«. Damit waren uns 3½ Jahre als Arbeitsrahmen vorgegeben – auch wenn schon damals weiter formuliert wurde: »*Die Hilfen für die Kinder werden längerfristig geplant. Nach internationalen Erfahrungen können derartige Maßnahmen 10 Jahre und länger erforderlich werden.*« Diese zeitliche Begrenzung bewußt anzunehmen war gerade für die therapeutische Arbeit von großer Bedeutung. Es konnte den Helfern nur darum gehen, sich mit den Hilfen auf Dauer selbst überflüssig zu machen.

Kollektive Trauer

Anders als etwa bei dem schweren U-Bahn-Unglück von King's Cross 1987 in England oder der Katastrophe bei der US-Flugschau in Ramstein 1988, traf das Unglück in der Grube Stolzenbach ein gewachsenes Gemeinwesen mit noch weitgehend tragfähigen Bindungen. Das Unglück betraf nicht anonyme Menschen, namenlose Familien, die weit verstreut übers Land wohnten. Die getöteten Bergleute waren Nachbarn, Freunde, Vereinskameraden, Kollegen der Rettungsmannschaften und der Helfer. Die Trauer blieb nicht – anders als bei einem Verkehrsopfer oder einer tödlich verlaufenden Krankheit – allein auf die Familien der Toten begrenzt. Sie nahm kollektive Züge an, was sich darin ausdrückte, daß in den Folgemonaten alle Festveranstaltungen in Borken abgesagt wurden.

Hilfe als Selbsthilfe

Diese kollektive Trauer war aber zugleich eine enorme Chance für eine fachübergreifende und koordinierte Hilfe. So verstand sich unsere Arbeitsgruppe stets auch als Ausdruck einer regionalen Selbsthilfe. Betriebsangehörige und Vertreter des Gemeinwesens, Deutsche und Türken, Menschen unterschiedli-

cher Berufe, Auffassungen und Religionen kamen zusammen,
weil sie sich selbst in diese Trauer mit eingebunden sahen.

Über diese *interdisziplinäre* Selbsthilfe hinaus war für uns
von Bedeutung, unsere Arbeit auch *bikulturell* auszurichten.
Denn Hilfen mußten deutschen und türkischen Familien, deutschen und türkischen Bergleuten angeboten werden.

Deutsche und Türken – die besondere Gemeinschaft im Bergbau

Wir haben auch erlebt, daß der Zusammenhalt im Bergbau
eine der wichtigen Stützen unserer Arbeit war. Das Arbeiten
unter Tage schafft eine Gemeinschaft, in der – bei aller sozialen
Differenzierung – Solidarität auch über Schranken von Herkunft, Sprache und Religion deutlich zu spüren ist. So haben
wir beispielsweise das Zusammenleben zwischen Deutschen
und Türken wesentlich unbelasteter erlebt, als wir es aus anderen Teilen der Republik kennen. Indiz für diese Besonderheit
im Bergbau scheint uns auch ein sehr negativer Trend zu sein,
den wir nun – nach Ende des Bergbaus in Borken – beobachten:
In der Schule kommt es zum ersten Mal zu wirklich ernsthaf-
ten Auseinandersetzungen zwischen deutschen und türkischen
Gruppen. Wenn die Väter nicht mehr so eng aufeinander angewiesen arbeiten wie im Bergbau, scheint es für die Kinder
leichter zu sein, im anderen mehr den Fremden – sei er Deutscher oder Türke – als den Nachbarn zu sehen.

Die Betreiberfirma als Mitglied der Arbeitsgruppe

Für die Zusammenarbeit in unserer Arbeitsgruppe war besonders wichtig, daß es uns gelungen ist, die Hilfe übergreifend zu
organisieren. Nicht nur, daß Vertreter verschiedener Fachrich-
tungen sich an der Arbeit beteiligten. Mit der PreussenElektra
als Betreiberin des Borkener Bergbaus hatten wir einen Pro-
jektpartner, der nicht bloß finanzielle Hilfestellung leisten wollte
(so nötig sie auch war), sondern zugleich zur engagierten in-
haltlichen Mitarbeit bereit war – von den Werksfürsorgerinnen
über den Betriebsrat und die örtliche Betriebsleitung bis hin zu
Mitarbeitern der Hauptverwaltung in Hannover.

Journalismus zwischen Sensationsgier und menschlichem Engagement

Das Grubenunglück in Borken war ein Medienereignis ersten Ranges. Genau dem Grubengelände gegenüber hatten schon wenige Stunden nach dem Unglück Vertreter von Presse, Funk und Fernsehen auf einer Wiese Übertragungswagen, Sendemasten, Wohnmobile und Wohnwagen aufgebaut. Das Grubengelände wurde regelrecht belagert. Was hier Angehörige und Helfer an (in doppeltem Sinne) »Katastrophen-Journalismus« über sich ergehen lassen mußten, war abstoßend und im höchsten Maße belastend. Einzelne Journalisten drangen in die Häuser betroffener Familien ein oder versuchten gar als Rot-Kreuz-Helfer oder Feuerwehrleute verkleidet, direkt zu den Bergungsarbeiten vorzudringen.

So schlimm unsere Erfahrungen der ersten Tage und Wochen waren, so haben wir doch in der Zeit danach auch einen einfühlsamen und menschlich engagierten Journalismus erlebt, der die Trauer nicht ausschlachten wollte. Dort, wo es Journalisten gelang, Betroffene offen zu Wort kommen zu lassen, haben wir durch verschiedene Rückmeldungen erfahren, daß dies wiederum anderen Menschen Mut gemacht hat, ihr Schicksal nicht einfach zu erleiden, sondern es aktiv anzugehen.

Solche offenen Wortmeldungen von direkt Betroffenen wird man in unserem Erfahrungsbericht eher selten finden. Unabdingbare Voraussetzung für unsere Arbeit ist nach wie vor das Vertrauen der Menschen auf unsere Verschwiegenheit. Daher sind auch dem hier vorgelegten Bericht in dieser Hinsicht enge Grenzen gesetzt. Wo Angehörige zu Wort kommen und so das innere Ausmaß des Unglücks und den schweren Weg des Weiter-Lebens erst plastisch werden lassen, ist dies mit ihnen abgesprochen.

Radevormwald: Ein Pressebericht als »negative Folie«

Ein letzter, wichtiger Punkt zum Verhältnis von veröffentlichter Meinung und der Arbeitsgruppe Stolzenbachhilfe darf nicht unerwähnt bleiben. Gleich zu Beginn unserer Arbeit, als die

negativen Erfahrungen mit den Medien noch dominierten,
war es ein Presse-Bericht, der uns einen wichtigen Anstoß für
unser Engagement gab. Am 10. Juni 1988, am Tag nach der
konstituierenden Sitzung unserer Arbeitsgruppe, veröffent-
lichte »DIE ZEIT« einen Bericht von Werner Schlegel über das
Zugunglück im oberbergischen Radevormwald, bei dem am
27. Mai 1971 – 17 Jahre zuvor – 41 Kinder und fünf Erwachsene
ums Leben gekommen waren. Titel: »Als wäre es gestern gewesen«. Untertitel: »Noch immer herrschen Trauer und Zorn,
und tiefe Gräben trennen die Menschen«. Als eine der Folgen
des Unglücks, so berichtete Schlegel, litten die Eltern der getöteten Kinder noch immer unter schweren gesundheitlichen
Problemen.

Der Artikel hatte für unsere Arbeitsgruppe etwas Aufrüt-
telndes. Die in Schlegels Artikel beschriebene Stimmung des
Verdrängens in Radevormwald bewog uns gleich zu Beginn
der Arbeit in Borken, der Erinnerung an die 51 toten Bergleute
Raum zu geben und dies als eines der wichtigsten Ziele zu
formulieren. Gegen die landläufige Meinung gehört zum Weiter-Leben, das nicht bloßes Über-Leben sein will, nicht allein
das Erarbeiten einer neuen Perspektive. Neue Kräfte wachsen
erst, wenn es möglich ist, zurückzublicken. Die Erinnerung an
den geliebten Menschen, sein Leben, aber auch sein Sterben,
gehört notwendig zu einer neuen Lebensperspektive.

Ebensosehr wie beim einzelnen aus der Trauer heraus die
Erinnerung wächst, hat auch das Gemeinwesen die Aufgabe,
einem würdigen Gedenken Raum und Zeit zu geben, damit
aus der kollektiven Trauer Gemeinschaft erwächst und keine
Gräben entstehen. Somit waren die Vorbereitung der Gedenkfeiern an den Jahrestagen des Unglücks und die Mitgestaltung
der Gedenkstätte auf dem ehemaligen Grubengelände immer
wieder zentrale Themen der Arbeitsgruppe Solzenbachhilfe.

Keiner ist derselbe

Am Ende der vier Jahre haben wir einen gemeinsamen Weg
zurückgelegt, der uns verändert hat: Betroffene und Helfer.
Das Unglück hat sich tief eingegraben in unsere Erinnerung,
hat uns sensibel gemacht für die vielen großen und kleinen
Katastrophen, die um uns herum geschehen. Aus dieser Emp-

findsamkeit wächst Engagement. Frauen, die ihren Mann, Mütter, die ihren Sohn verloren haben, können andere wieder trösten, weil die wissen: *Hier empfindet jemand wie ich.* Eine Schulklasse organisiert spontan eine Sammlung, als sie von einem Grubenunglück in der Türkei hört. Kleine Beispiele nur, die dennoch Veränderungen deutlich machen. Keiner ist derselbe nach diesem Unglück und dem Weg durch die Trauer.

Zum Ende mußten wir noch einmal erfahren, wie nahe doch das Unglück immer noch ist: Bei abschließenden Arbeiten im Bergbau Borken kommt im September 1992 ein Mitarbeiter ums Leben.

Wieder wird die Erinnerung an den 1. Juni 1988 wach. Und wir begreifen: Die Arbeit geht weiter. Das Weiter-Leben nach der Katastrophe bleibt eine Aufgabe.

Arbeitsgruppe Stolzenbachhilfe
Borken (Hessen)

Die Vorgeschichte

Zur Geschichte des Bergbaus in Borken

Die Geschichte des Braunkohlebergbaus reicht in Hessen über 400 Jahre zurück. Um 1555 wurde am Hohen Meißner Braunkohle entdeckt. Für den Hausbrand verdrängte sie bald das Holz. Bei dieser vergleichsweise eingeschränkten Nutzung blieb es, bis Ende des 19. Jahrhunderts neue Trocknungsverfahren entwickelt wurden. Durch sie ließ sich der Heizwert der Braunkohle so steigern, daß sie für die Stromerzeugung in Kraftwerken genutzt werden konnte.

Bedarf für den Einsatz solcher Verfahren im großen Maßstab entstand im hessischen Raum Anfang der 20er Jahre unseres Jahrhunderts. Der Preußische Staat beschloß daher, am Standort Borken ein großes Dampf-Kraftwerk auf eigener Braunkohle zu errichten. Gleichzeitig wurde damit begonnen, zur Gewinnung der Braunkohle einen Tagebau und einen Tiefbau zu erschließen. Der Tiefbau sollte den Grundbedarf, der Tagebau den ungleichmäßigen Mehrbedarf des Kraftwerkes decken. Dieses Verfahren blieb über die gesamte Betriebszeit von fast 70 Jahren unverändert erhalten.

In dem bis dahin fast ausschließlich landwirtschaftlich geprägten Raum Borken waren Bau und Betrieb von Kraftwerk und Bergbau von großer wirtschaftlicher Bedeutung. Vor allem in den ersten Jahren bedurfte es erheblicher Anstrengungen, die erforderlichen Arbeitskräfte zu bekommen und zu halten – insbesondere im Bergbaubereich.

Mitte der 60er Jahre erreichten Kraftwerks- und Bergbaubetrieb ihren Höhepunkt: Rund 1600 Bergleute arbeiteten in Ta-

gebau und Tiefbau und förderten knapp 1,7 Millionen Tonnen
jährlich. 600 weitere Mitarbeiter beschäftigte das Kraftwerk.
Anfang der 70er Jahre wurde langsam absehbar, daß die wirtschaftlich gewinnbaren Kohlevorräte am Standort Borken nur
noch begrenzt waren. Das Auslaufen des Betriebes stand damit
für Ende der 80er oder Anfang der 90er Jahre bevor.

Zur Milderung der Folgen, die aus der absehbaren Stillegung von Kraftwerk und Bergbau resultierten, wurde im April
1988 zwischen Unternehmensleitung, Betriebsleitung und Betriebsrat von Kraftwerk und Bergbau Borken eine umfassende
Betriebsvereinbarung abgeschlossen. Viele Härten konnten
durch Vorruhestand, Angebot von anderen Arbeitsplätzen im
Unternehmen und Abfindungsregelungen vermieden werden.

Mitten in dieser Auslaufphase ereignete sich am 1. Juni
1988 im Tiefbau Stolzenbach bei einer routinemäßigen Spren-
gung eine katastrophale Kohlenstaubexplosion. 51 Bergleute
fanden unter Tage den Tod, 38 deutsche und 13 türkische.
Sechs konnten nach 65 Stunden in einem schwierigen Gruben-
wehreinsatz gerettet werden. Über Tage wurden acht Mitarbeiter verletzt, einige von ihnen schwer.

Die starke Zerstörung des Tiefbaus Stolzenbach und die
geringe Menge noch förderwürdiger Kohle, die unter Tage
verblieben war, führten im Oktober 1988 zu dem Beschluß, den
Tiefbau nicht wieder anzufahren. Nach beinah 70 Jahren, in
denen 61 Millionen Tonnen Kohle abgebaut und 185 Millionen
Kubikmeter Abraum bewegt wurden, ging im März 1991 das
Kraftwerk Borken endgültig ›vom Netz‹.

Türkische Mitarbeiter

Als Anfang der 60er Jahre zunehmender Strombedarf eine
Erweiterung des Kraftwerks- und Bergbaubetriebes in Borken
erforderlich machte, wurden neben deutschen auch ausländische Mitarbeiter eingestellt. In den Jahren 1962/63 arbeiteten
zunächst bis zu 30 spanische Gastarbeiter überwiegend im
Untertagebetrieb. Ab September 1963 nahmen immer mehr
türkische Mitarbeiter, die zum Teil mit Bergbauerfahrung aus
ihrer Heimat kamen, ihre Arbeit im Borkener Revier auf.

Mitte 1964 waren rund 60, 1965 schon 110 türkische Bergleute in Borken tätig. Nach einer zwischenzeitlichen Abnahme

auf 30 bis 50 stieg ihre Zahl Anfang der 70er Jahre noch einmal
auf etwa 100 an. Zum Zeitpunkt des Grubenunglücks im Tiefbau Stolzenbach waren hier noch rund 40 türkische Bergleute
beschäftigt, ein Drittel der Untertagebelegschaft.

Insgesamt wurden im Laufe der Jahre 40 türkische Mitarbeiter zu Ortsältesten ausgebildet, 10 davon mit Berechtigung
zur Durchführung von Sprengarbeiten. Die Betriebszugehö-
rigkeit war unterschiedlich, aber viele Türken blieben lange
Jahre im Betrieb. Im Mai 1988 gehörten 20 türkische Mitarbeiter mehr als 15 Jahre, einige über 20 Jahre dem Betrieb an.

Untergebracht waren die meisten von ihnen zunächst in
Wohnheimen nahe dem Grubengelände. Im Laufe der Zeit
ließen viele ihre Familien nach Deutschland nachkommen und
bezogen Werks- oder Privatwohnungen.

Der Tiefbau Stolzenbach vor dem Unglück

Der 1. Juni 1988 ist ein Tag wie viele andere im Betrieb des
Tiefbaus Stolzenbach, des letzten von insgesamt sechs Tiefbau-
betrieben in Borken. Am 1. Juni 1988 sind noch 200 Mann im
Tiefbau Stolzenbach über und unter Tage beschäftigt. Wie immer fahren Bergleute und Handwerker am Morgen zur Frühschicht ein, nachdem ihnen die Steiger für diesen Tag die Arbeit zugeteilt haben. Es ist der Tag vor Fronleichnam und
manch einer will die folgenden Tage nach dieser Schicht zu
einem Kurzurlaub nutzen.

Viertel vor sieben beginnt die Frühschicht für die meisten
Bergleute und Handwerker, die im Zwei-Schicht-Rhythmus –
im Wechsel zwischen Früh- und Spätschicht – ihrer Arbeit
unter Tage nachgehen: in »Vorrichtung«, Abbaustrecken-Vor-
trieb und -Rückbau, in der Förderung, dem Materialtransport
mit Einschienenhängebahn von über Tage aus, der Instand-
setzung oder der Vorbereitung neuer Abbauorte.

Im Südfeld, nur wenige hundert Meter vom Hauptschacht
entfernt, arbeiten fünf sogenannte Kameradschaften von zwei
bis drei Mann in Vortrieb und Rückbau, Schlosser sind mit
Umbauarbeiten in der Wasserhaltung beschäftigt. Auch im
Ostfeld läuft der Betrieb wie üblich. Sechs Kameradschaften
sind hier eingesetzt, eine weitere fährt um 12 Uhr ein. Sechs

Kameradschaften sind im Nordfeld beschäftigt. Über Tage laufen die Arbeiten in der Werkstatt und auf dem Holzplatz weiter. Der Fördermaschinist wird hin und wieder zur Personenseilfahrt zum Schacht gerufen, zum letzten Mal gegen halb eins.

Als das Unglück geschieht, arbeiten insgesamt 57 Bergleute, Schlosser, Elektriker und Aufsichtspersonen unter Tage.

1. Juni 1988, unmittelbar nach der Explosion in der Schachtanlage Stolzenbach. Noch ist das ganze Ausmaß der Katastrophe nicht zu übersehen. 57 Bergleute sind unter Tage eingeschlossen. (Foto: dpa)

Das 1. Jahr | *Chaos*

Verzweiflung

Trauer

Es dauert viele Stunden, bis erste Informationen über das Schicksal der eingeschlossenen Bergleute zu bekommen sind – und mehr als zehn Tage, bis der letzte Tote geborgen ist. Eine lange Zeit der Hilflosigkeit, Verzweifelung und Angst für die betroffenen Familien. (Foto: dpa)

1. Juni 1988, ein Mittwoch
Das Unglück – die ersten Stunden

Um 12.35 Uhr kommt es unter Tage zu einer heftigen Explosion. Die Auswirkungen erstrecken sich auf den größten Teil der Grube Stolzenbach, auf die Schächte (insbesondere auf den Seilfahrtschacht) und auch auf Teile der oberirdischen Einrichtungen und Anlagen. Energieversorgung, Kommunikationssysteme, Bewetterung und Seilfahrteinrichtung fallen schlagartig aus. Zu den 57 unter Tage arbeitenden Bergleuten reißt jede Verbindung ab. Die Druckwelle, heiße Explosionsschwaden, umherfliegende Gegenstände und Glassplitter verletzen auch acht über Tage Beschäftigte, einige von ihnen erheblich. Einige Kilometer weit ist die Rauchwolke zu sehen, die über dem Grubengelände aufsteigt.

Unverzüglich werden die eigene Grubenwehr, zwei Hilfeleistungsgrubenwehren benachbarter Betriebe, das Bergamt sowie die zuständige Hauptstelle für das Grubenrettungswesen in Clausthal-Zellerfeld alarmiert. Polizei, DRK, Technisches und Ärztliches Hilfswerk, Feuerwehr und andere Hilfsorganisationen werden hinzugezogen.

Unmittelbar nach der Explosion beginnen die Versuche, Kontakt mit den unter Tage Eingeschlossenen aufzunehmen. Immer wieder wird versucht, die betriebseigene Tiefbau-Funkanlage in Betrieb zu setzen. Alle Bemühungen bleiben erfolglos.

Gegen 13.40 Uhr erfolgt ein erster Erkundungseinsatz der Grubenwehr. Gegen 15.25 Uhr findet der zweite Einsatz statt. Gefährlich hohe Kohlenmonoxid-Konzentrationen werden im Tiefbau festgestellt. Beim dritten Einsatz gegen 16.00 Uhr erkundet die Grubenwehr einen weiteren Teil der Grube und findet die ersten toten Bergleute.

Zur gleichen Zeit kommt über Tage kurzzeitig Funkkontakt mit einem Teilnehmer zustande, dessen Angaben auf unter Tage eingeschlossene Überlebende hindeuten. Bevor darüber Gewißheit gewonnen werden kann, bricht der Funkkontakt ab und kann trotz wiederholter Versuche nicht wiederhergestellt werden.

Im Laufe des Nachmittags und frühen Abends treffen immer weitere Rettungsmannschaften auf dem Grubengelände ein. Bis zu siebzehn Grubenwehrtrupps sind in den nächsten Tagen rund um die Uhr im Einsatz.

Die unsichtbaren Helfer

Unmittelbar nach dem Unglück bilden Frauen aus dem Borkener Stadtteil Stolzenbach eine Hilfsgemeinschaft. Frauen aus anderen Stadtteilen stoßen dazu. Sie machen es sich zur Aufgabe, die Rettungs-, Bergungs- und Bohrmannschaften, die Einsatzleitung und die Angehörigen der verunglückten Bergleute zu versorgen.

Damit gehören sie zur großen Gruppe der unsichtbaren Helfer, die in den ersten Tagen und Wochen, ohne großes Aufheben davon zu machen, unspektakuläre aber wichtige Hilfen leisten: Zimmer für die Rettungsmannschaften, Essen für Helfer und Betroffene, Fahrdienste und ähnliches mehr.

Hilflose Helfer

Gleich nach Bekanntwerden des Unglücks beginnen die Werksfürsorgerinnen mit der Betreuung der Betroffenen. Die ersten Hilfestellungen erfolgen noch auf dem Grubengelände. Hier steht den Angehörigen der verschütteten Bergleute ein eigener Raum zu Verfügung, der sie abschirmt von Neugierigen und Journalisten,

In diesem »Schutzraum« versuchen die beiden Werksfürsorgerinnen und die inzwischen eingetroffenen Borkener Pfarrer, den Angehörigen helfend und tröstend zur Seite zu stehen. Aufgrund ihrer Vertrautheit mit den Verunglückten und ihren Familien finden sie schnell Kontakt zu den Wartenden. Aber die Helfer sind zunächst selbst hilflos. Sie wollen am liebsten mit anfassen bei den Rettungsarbeiten. Es »kribbelt in den Fingern« – aber sie müssen genauso warten wie alle anderen. Auf die Betroffenen zugehen, ihnen Mut machen oder wenigstens Kraft geben ist die Aufgabe – aber wie? Unsicherheit, Hilflosigkeit, sogar Angst empfinden eben auch die Helfer. Ein erster Erfahrungsaustausch zeigt: Allen geht es ähnlich.

1. Juni, abends
Bilanz des ersten Tages: Mit dem Schlimmsten muß gerechnet werden

Am späten Abend verdichten sich die Befürchtungen zur Gewißheit: Es ist mit vielen Toten zu rechnen. 16 tote Bergleute sind jetzt gefunden, aber noch nicht geborgen, weil die Suche nach Überlebenden absoluten Vorrang hat. 41 Bergleute werden zu diesem Zeitpunkt noch vermißt.

1./2. Juni 1988
Rettungstrupps dringen weiter in die Grube vor

Die Rettungsmannschaften setzen ihre fieberhafte Suche nach den Vermißten auch während der Nacht von Mittwoch auf Donnerstag ununterbrochen fort. Aber angesichts der Zerstörungen unter Tage werden die Hoffnungen immer geringer, überhaupt Überlebende zu finden. Die Unglücksursache scheint bereits geklärt: Unter Tage muß es zu einer explosiven Entzündung von Braunkohlenstaub gekommen sein. Der erste Verdacht, in der Grube sei Sprengstoff explodiert, erhärtet sich nicht. Beide Sprengstofflager werden unversehrt aufgefunden.

Während des gesamten Donnerstags gehen die Befahrungen der Grubenwehrtrupps zur Erkundung im Süd-, Ost- und Nordfeld weiter. Im Ostfeld beginnen jetzt Spezialunternehmen mit der Niederbringung zweier Suchbohrungen. Dorthin verlagern daraufhin die Pressevertreter ihre Aktivitäten. Das Gebiet um die Grube ist weiträumig abgesperrt. Über den Rundfunk richtet die Polizei an die Bevölkerung den Appell, die Rettungsarbeiten nicht durch »Katastrophen-Tourismus« zu behindern.

Der 1. Juni 1988: Sicht der Betroffenen – Sicht der Helfer
»Bis daß der Tod Euch scheidet«

Es war vor 4 Jahren, oder war es gestern? Noch immer habe ich den Geruch verbrannter Kohle in der Nase, wenn ich daran denke. Am 1. Juni 1988. Es war gegen 13.00 Uhr, als ich nach vielen Bemühungen den Zechenhof betreten durfte.

Ich habe Angst, Angst vor dem, was mich hier erwartet. Angst! Alles, was ich weiß, ist: Eine Explosion. Wie kann das sein? Er hat mir doch immer gesagt, so etwas passiert nur im Steinkohleabbau. Niemals hier bei uns. Worte fallen mir ein, Sätze, die er einmal gesagt hat. »Lkw-Fahren ist gefährlicher.«

Ich weiß, daß ihm nichs passiert ist, weil er viel von seinem Beruf versteht, weil er stark ist und erfahren und weil er für alles immer eine Lösung findet. Irgendwie. Ich laufe herum und suche ihn. Als ich den Kollegen treffe, der in dieser Woche mit ihm zusammenarbeitet, fällt mir ein Stein vom Herzen, und ich laufe zu ihm hin. Er dreht sich langsam zu mir um, und ich sehe in sein Gesicht. Er braucht mir nichts zu sagen, ich weiß es auch so. Er ist noch unten. Ziellos laufe ich hin und her, um jemanden zu finden, der mir etwas genaues sagen kann, aber man weicht meinem Blick aus und geht an mir vorbei.

»Wir haben einen Raum hergerichtet für die Angehörigen, dort können Sie sich setzen und warten« sagt irgend jemand. Ich versuche es, fünf Minuten oder zehn. Man kann nicht sitzen und warten. Vielleicht gibt es irgendwo eine Schaufel zum Graben. Ich muß doch etwas tun können. Irgend etwas, um ihn dort unten herauszuholen, ihm zu helfen. Er kann verletzt sein und mich brauchen, oder frieren. Eine Decke müßte ich ihm bringen können. Daß er lebt, daran glaube ich ganz fest. Wenn man sich liebt, dann spürt man, wenn der andere stirbt.

Und wir lieben uns.

Seit achtzehn Jahren, als wir uns versprachen, einer ist für den anderen da in guten und in schlechten Zeiten, bis daß der Tod uns scheidet.

Und jetzt laufe ich herum und kann nichts, gar nichts für ihn tun, nur warten. Warten. Nach und nach kommen noch andere Frauen, Angehörige, Mütter und Väter, Söhne und Töchter. Gesichter, in denen Ruß und Tränen Spuren hinterlassen haben. Ich halte Hände von Leuten, die ich nicht mal kenne und ich spüre, daß mir das gut tut. Zu zweit weint es sich leichter, doch der Stein, der auf dem Herzen liegt und der Kloß im Hals werden auch vom Weinen nicht kleiner.

Neben mir steht eine junge Frau, die mir bestimmt zum zehnten Mal erzählt, daß sie doch bald heiraten will.

Überall sind Fotografen auf der Jagd nach verzweifelten Menschen, um möglichst »gute« Fotos zu machen. Auf der Flucht vor ihnen gehe ich wieder in den Raum für die Angehörigen. Hier ist es noch schlimmer. Viele weinen. Türkische Frauen klagen laut ihren ganzen Schmerz heraus. Ich versuche zu trösten und spüre, daß meine Worte für mich selbst bestimmt sind. Nur nicht aufgeben!

Irgendwann wird es offiziell. Der Betriebsleiter gibt uns einen Bericht über die Rettungsarbeiten. Voller Hoffnung hören wir zu, aber plötzlich redet er von Toten, die man gefunden hat und daß die Chance, Lebende zu finden, gleich Null ist. Lange brauche ich, um zu begreifen. Ganz langsam wird mir kalt und übel und ich will zur Toilette, um mich zu übergeben, aber meine Beine bewegen sich nicht mehr. Gedanken schießen mir durch den Kopf. Bilder aus den letzten 18 Jahren.

Mein halbes Leben habe ich mit ihm verbracht, geliebt, gelacht und geweint. Er darf nicht tot sein! Man will mich nach Hause bringen, es sei schon spät, und ich müsse an meine Kinder denken, die mich brauchen. Ich lasse mich heimfahren, um dort zu warten mit der Familie. Wir haben gewartet, gebetet und verzweifelt gehofft. Mehr als drei Tage lang. Mehr als 80 Stunden, bis ich ihn sehen durfte:

Am Samstag, den 4. Juni 1988 um 23.00 Uhr...

Helfen – aber wie?

Die Werksfürsorgerinnen werden gegen 13.30 Uhr von dem Unglück benachrichtigt. Die ersten Angehörigen von Verschütteten sind auf dem Grubengelände eingetroffen und müssen betreut werden. Der Hof der Grube Stolzenbach füllt sich mit Menschen: Grubenwehrmänner und Polizisten, Helfer vom Roten Kreuz und vom Technischen Hilfswerk – und überall dazwischen Journalisten, die mit Fragen, Kameras und Mikrophonen Angehörige und Helfer regelrecht belagern.

Es dauert nicht lange, da hat die Polizei das Gelände hermetisch abgeriegelt. Nur Rettungsmannschaften, Helfern und den Angehörigen der Eingeschlossenen wird noch der Zutritt gestattet. Jetzt kreisen Hubschrauber mit Kamerateams über dem Grubengelände.

Schnell ist erkannt: Für die Angehörigen muß in wahrsten Sinn des Wortes ein Schutzraum geschaffen werden, wo sie sicher sind vor den Zudringlichkeiten von Neugierigen und Medienvertretern. Ein Raum wird gefunden und füllt sich im Handumdrehen. Die Fürsorgerinnen sind nun fast ständig mit den Angehörigen der Opfer zusammen. Ihre Hilfe erschöpft sich in Zuspruch und Zuhören, im einfachen Dasein. Das ist alles, was sie tun können. Für die wartenden Angehörigen ist es schon viel – fast zuviel für die Fürsorgerinnen. Denn der seelische Druck ist enorm. Niemand weiß etwas Genaues.

Bisher hatten die Werksfürsorgerinnen hauptsächlich mit den

jetzt vermißten Männern zu tun. Von den Frauen sind ihnen nur wenige bekannt. Der gesamte Warteraum steht unter einer schwer zu beschreibenden Spannung. Bei den türkischen Frauen, die sich um die türkische Lehrerin versammelt haben, macht sich die Anspannung durch lautes Klagen und Weinen Luft. Von einigen der deutschen Frauen wird das als so belastend empfunden, daß sie den Raum verlassen.

Am frühen Nachmittag kommen auch die beiden Borkener Pfarrer, später noch andere Seelsorger aus der Region. Die Ungewißheit darüber, was eigentlich passiert ist, wie schlimm die Folgen sind, ob, und wenn ja, wieviele Tote es gegeben hat, wird immer quälender. Die Spannung lockert sich etwas, als die Einsatzleitung erste Informationen gibt. Es tut sich also etwas außerhalb dieses Raumes, voll mit Menschen, die zur Untätigkeit verurteilt sind. Aber das Wechselbad der Gefühle, zwischen Hoffen und Bangen, hört nicht auf.

Die Helfer sind selbst hilflos. Es ist schwer, die richtigen Worte zu finden, schwer, mitzuwarten und nichts eigentlich tun zu können. Die Werksfürsorgerinnen suchen Zuflucht in versorgenden Tätigkeiten: Kaffee kochen, Getränke reichen. Wenigstens untereinander können die Helfer sich ihre Hilflosigkeit eingestehen. Daß es allen ähnlich geht, gibt Kraft: Keiner ist allein, auch die Helfer nicht. Mit vielen Ängsten und großen Hoffnungen erwarten alle die nächsten Zwischeninformationen der Einsatzleitung. Gegen Mitternacht besteht kaum noch Hoffnung für die Eingeschlossenen. Lähmende Stille macht sich breit. Gibt es jetzt überhaupt noch Worte, die gesagt werden können und nicht banal klingen oder falsch? Einer der Pfarrer findet sie. Und er drückt für alle Anwesenden das Entsetzen und die Angst aus, zugleich aber vermittelt er ein erstes, vages Gefühl davon, daß dieses schwere Schicksal nur miteinander geteilt und gemeinsam getragen auszuhalten sein wird. Alte, archaische Worte spricht der Pfarrer, den 23. Psalm:

»Der Herr ist mein Hirte;
mir wird nichts mangeln.
Er weidet mich auf einer grünen Aue
und führet mich zum frischen Wasser.
Er erquicket meine Seele;
er führet mich auf rechter Straße
um seines Namens willen.
Und ob ich schon wanderte im finstern Tal,
fürchte ich kein Unglück,
denn Du bist bei mir,
Dein Stecken und Stab trösten mich«

2. Juni 1988, ein Donnerstag
Ein Raum für die Toten

Im Lauf des Donnerstags steigt die Zahl der entdeckten Todesopfer auf 35. Das Werksgelände erweist sich nicht als der geeignete Ort für die Betroffenen, um auf Nachrichten über die Rettungsarbeiten zu warten. Es bietet einfach nicht genug Raum für die vielen Menschen. Aber die Angehörigen der verunglückten Bergleute zum Verlassen des Grubengeländes zu bewegen, erweist sich als schwierige Überzeugungsarbeit. Schließlich gelingt es, die Borkener Hauptschule zum zentralen Treffpunkt zu machen. Praktisch das gesamte Schulgebäude wird zum Warteraum.

Hier, in der Borkener Schule treffen die Helfer auf ängstliche, verstörte Angehörige und auf erschöpfte Nothelfer, die alle unter höchster Anspannung stehen und zum großen Teil seit den Morgenstunden des Vortages auf den Beinen sind.

Am Nachmittag wird deutlich, daß bald mit der Bergung der ersten Opfer zu rechnen ist. Den Angehörigen muß nun ermöglicht werden, ihre tödlich verunglückten Männer, Brüder, Söhne, Väter noch einmal zu sehen. Ein großer Raum wird zur Aufbahrung benötigt, mit über 50 Toten ist zu rechnen. Einen solchen Ort bietet in Borken nur die Turnhalle der Schule.

Auch der Zugang zur Schule wird nun von der Polizei kontrolliert, um Störungen durch Unbefugte zu verhindern. In der Turnhalle entstehen zwei getrennte Bereiche: einer zum Aufbahren der Toten, einer für medizinische Hilfe und zum Ausruhen. In diesem zweiten Raum hat das DRK inzwischen Feldbetten aufgestellt. In der Schule kommen Helfer und Helferinnen zusammen, die Basishilfe leisten: Essen, Trinken, medizinische Betreuung der von dem Unglück Betroffenen und der Helfer.

In dem Raum für die Aufbahrung der Toten wird so gut wie möglich eine Atmosphäre der Ruhe und Stille geschaffen. Aus zusammengestellten Tischen entsteht ein Altar, mit weißen Tischtüchern, Kerzen und einem Kreuz.

Gegen 17.00 Uhr ist der erste Tote geborgen. Gegen 18.00 Uhr beginnt die Identifizierung der bereits Geborgenen. Die erste Identifizierung auf dem Grubengelände nehmen Betriebsangehörige vor, Arbeitskollegen der Toten. In der Turn-

halle können dann die Familienangehörigen Abschied nehmen. Die Hinterbliebenen stehen unter Schock. Gegen 22.00
Uhr wird den Wartenden schließlich geraten wird, nach Hause
zu gehen und sich auszuruhen.

2. Juni 1988, abends
Psycho-soziale Sofortmaßnahmen werden eingeleitet

Innerhalb von 24 Stunden setzen bereits die ersten Maßnah-
men ein, um den vom Grubenunglück direkt oder indirekt
Betroffenen auch in psycho-sozialer Weise zu helfen. Diese
Maßnahmen sind Auftakt eines von Anfang an auf lange Sicht
angelegten Hilfsprogramms. Orientierungshilfen bieten dabei
die Erfahrungen britischer Ärzte und Psychologen nach dem
Londoner U-Bahn-Brand King's Cross im November 1987. Eine
der wichtigsten Folgerungen der Briten: Psychosomatische
Hilfsprogramme müssen entwickelt werden, erste konkrete
Hilfsangeboten aber sofort beginnen. Sonst besteht die Gefahr,
daß langfristige Hilfe von Schwerstbetroffenen nicht mehr angenommen wird.

Obwohl Fronleichnamstag ist, Feiertag in Hessen, kommen
schon erste Gespräche zwischen Fachleuten verschiedenster
Fachdisziplinen zustande. Beteiligt sind der Leiter der psychosomatischen Abteilung der Marburger Universität, Medizinpsy-
chologen, Notärzte, DRK-Mitarbeiter, die Werksfürsorgerinnen, der Betriebsarzt sowie Betriebsleitung und Betriebsrat der
PreussenElektra in Borken – die »Keimzelle« der späteren Arbeitsgruppe Stolzenbachhilfe.

3. Juni 1988, ein Freitag
Hausbesuche beginnen

Nach Freigabe der Toten beginnen am Freitag die ersten Hausbesuche durch Mitarbeiter der Werksfürsorge, unter ihnen auch
eine türkische Betreuerin, und jeweils einen weiteren Mitarbeiter der PreussenElektra. Bei diesen Besuchen müssen auch die
ersten Formalitäten erledigt werden. Den Betroffenen wird
eine finanzielle Unterstützung für die Anschaffung von Trauerkleidung übergeben.

Zunächst werden die türkischen Familien besucht, damit die Überführung der Toten in die Türkei vorbereitet werden kann. Da nach türkischem Verständnis die Hilfsbereitschaft eine große Rolle spielt, ist in den Wohnungen der betroffenen Familien ein ständiges Kommen und Gehen von Landsleuten. Bei den anschließenden Besuchen der deutschen Familien finden die Helfer ein ähnliches Eingebundensein der Betroffenen in den Familien- und Freundeskreis vor.

Um den Familien Behördengänge zu ersparen und wirtschaftliche Notlagen möglichst gar nicht erst entstehen zu lassen, beginnen Mitarbeiter der Versicherungsträger unmittelbar mit der Bearbeitung der Rentenanträge.

3. Juni 1988, gegen Abend
Erste Terminabsprachen für die gemeinsame Hilfe

Der Marburger Psychosomatiker vereinbart mit Betriebsleitung, Betriebsrat und Betriebsarzt ein erstes Treffen aller Helfer. Es soll am 9. Juni stattfinden, am Tag nach der Trauerfeier für die Verunglückten. Alle Helfer werden dazu eingeladen.

3. Juni 1988, nachts
Kontakt zu Überlebenden?

Die Einsatzleitung hat kaum noch Hoffnung, in den kilometerlangen, schwer zerstörten Gängen der Grube Stolzenbach Überlebende zu finden. Es scheint nur noch darum zu gehen, 57 Todesopfer zu finden und zu bergen. Nur wenige glauben an eine Wiederholung des »Wunders von Lengede«.

Gegen 22.30 Uhr erreicht nach 30stündigen Bohrarbeiten die Suchbohrung im Ostfeld ihr Ziel über einem Grubenbau in der Pfeilerstrecke 5. Beim Ziehen des Bohrgestänges werden Geräusche vernommen, die Klopfzeichen zu sein scheinen. Durch Einsatz des Richtmikrophons einer anwesenden Rundfunkmannschaft erhärtet sich der Verdacht, Satzfetzen werden aufgefangen wie: »die haben ein Loch gebohrt«. Die Einsatzleitung beschließt einen Sondereinsatz mehrerer Suchtrupps, obwohl damit beträchtliche Risiken für die Grubenwehrleute verbunden sind.

4. Juni 1988, ein Samstag
Das »Wunder von Stolzenbach«

Giftige Gase erschweren das Vorankommen der Rettungsmannschaften, die nach der Quelle der Klopfzeichen suchen.
Um 4.21 Uhr aber finden die Grubenwehrmänner tatsächlich
an einer Stelle, wo noch atembare Luft vorhanden ist, eine
Gruppe von Bergleuten. Die Überlebenden sind in guter ge-
sundheitlicher Verfassung und erhalten für den Rückweg durch
die kohlenmonoxidvergifteten Stollengänge sogenannte Sau-
erstoff-Selbstretter. Dann wird so schnell wie möglich der Rück-
marsch angetreten, die Sauerstoffvorräte gehen bereits zur
Neige. Um 5.30 Uhr bringen die Rettungsmannschaften den
ersten von insgesamt sechs Überlebenden an das Tageslicht, 65
Stunden nach der Katastrophe.

5. Juni 1988, ein Sonntag
Erfahrungsaustausch von Anfang an

Schon in den ersten Tagen nach der Katastrophe beginnen die
Helfer – insbesondere die Werksfürsorgerinnen – damit, ihre
Erfahrungen auszutauschen. Das tägliche »Sich-zusammen-
setzen« entspricht zu diesem Zeitpunkt eher einer intuitiven
Reaktion als schon langfristig ausgerichtetem Handeln. Die
Aussagen gegenüber den Betroffenen können so weitgehend
widerspruchsfrei von einem gemeinsamen Kenntnisstand aus
gemacht werden. Die beiden Ortspfarrer, so zeigt der Erfahrungsaustausch in der Arbeitsgruppe später, greifen zu dieser Zeit zu den gleichen einfachen Hilfsmitteln.

6. Juni 1988, ein Montag
Pannen bei der Rettungsarbeit?

In die Freude über die Rettung von sechs Bergleuten mischen
sich immer mehr kritische Stimmen. Es wird bekannt, daß es
zu der glücklich geretteten Gruppe schon kurz nach dem Unglück Funkverbindung gegeben hatte. Vor allem die Medien
versuchen nun, aus der Rettungs- eine Skandalgeschichte zu
machen.

7. Juni 1988, ein Dienstag

»Keiner bleibt im Berg«

Die Ereignisse vom 4. Juni haben den Rettungsmannschaften wieder etwas Auftrieb gegeben. Noch immer sind vier der vermißten Bergleute nicht gefunden. Elf Bergungstrupps sind rund um die Uhr im Einsatz.

8. Juni 1988, wieder ein Mittwoch, vormittags

Trauerfeier in Borken

Über 4000 Trauergäste nehmen Abschied von den Todesopfern des Unglücks. Zu diesem Zeitpunkt sind, entgegen ersten Hoffnungen, noch nicht alle Opfer geborgen. Für die vier noch Vermißten besteht aber keine Hoffnung mehr.

Um zu gewährleisten, daß die Angehörigen und ihre Trauergesellschaften die reservierten Plätze einnehmen können, werden vorab bei Hausbesuchen Einlaßkarten verteilt. Zusätzlich nehmen die Mitarbeiterinnen der Werksfürsorge vor der Borkener Tennishalle, dem Ort der Trauerfeier, die Hinterbliebenen in Empfang. Diese Maßnahmen dienen auch dazu, Journalisten aus dem engeren Bereich der Trauerfeier herauszuhalten.

Störend wirken von auswärts angereiste türkische Landsleute verschiedener politischer Gruppierungen, die mit Transparenten und Flugblättern vor der Tennishalle für Aufsehen sorgen. Sie erheben massive Vorwürfe gegen die Preussen-Elektra und ihre Betriebsleitung in Borken. Von diesen Vorwürfen wie auch von der ganzen Aktion distanziert sich wenige Tage später der türkisch-islamische Kulturverein von Borken in Zeitungsanzeigen.

Trotz der Störversuche nimmt die gemeinsame christlich-islamische Trauerfeier – die erste in der Bundesrepublik – ihren geplanten Verlauf. Der evangelische und der katholische Bischof halten die Trauerreden, anschließend verlesen die Ortspfarrer beider Konfessionen die Namen aller Opfer. Der Vorstandsvorsitzende der PreussenElektra erklärt während der Feier: »Wir werden helfen, wo wir können.« Mit dem Hilfswerk Grube Stolzenbach werde den Hinterbliebenen der töd-

lich Verunglückten, insbesondere ihren Kindern, sowie den
Verletzten und den Geretteten sofortige und langfristig ange-
legte Unterstützung angeboten.

Direkt im Anschluß beginnen die Pfarrer mit den Beerdigungen. In der Moschee findet ein zusätzlicher Gottesdienst
für die verstorbenen türkischen Bergleute statt, bevor die Überführung der Särge in die Türkei beginnt.

Nach der offiziellen Trauerfeier bekundet der Bundespräsi-
dent den Hinterbliebenen sein Mitgefühl. Weitere Teilnehmer
der Feierstunde: der Bundesarbeitsminister, der hessische Ministerpräsident mit dem hessischen Kabinett, der Bundes-
ratspräsident, die türkische Arbeitsministerin sowie offizielle
Vertreter der Kirchen, der Parteien, der Wirtschaft und des
öffentlichen Lebens. Zahlreiche Bergbauunternehmen aus dem
Bundesgebiet haben Abordnungen geschickt.

8. JUNI 1988, NACHMITTAGS
Kaum noch Hoffnung

Am Nachmittag werden unter Einsatz von Suchhunden weitere tote Bergleute gefunden. Die vagen Hoffnungen auf ein
weiteres Wunder sinken rapide.

9. JUNI 1988
Die Arbeitsgruppe Stolzenbachhilfe wird gegründet

Einen Tag nach der Trauerfeier kommen 17 Personen zusammen, um eine gemeinsame Arbeitsgruppe zu gründen. Beteiligt sind Vertreter des Unternehmens und des Betriebsrates
aus Borken und Hannover, die Werksfürsorgerinnen, Pfarrer,
Ärzte, ein Vertreter des hessischen Innenministeriums und ein
kleines Team vom Marburger Zentrum für Innere Medizin.

Aufgaben werden formuliert: Hilfsangebote müssen entwickelt und koordiniert werden – eine selbstverständlich schei-
nende Aufgabenstellung, die sich freilich am Anfang bei der
praktischen Umsetzung als eines der schwierigsten Probleme
erweist. Jede einzelne Familie soll weiterhin besucht werden.
Die Gruppen der Betroffenen sind zu benennen. Hilfsangebote
für die Gruppen wie für die einzelnen sind zu entwickeln.

Hilfe für die Helfer ist zu leisten. Dank für die akute Hilfe ist auszusprechen. Auf dieser Basis soll dann ein langfristiges Hilfsangebot entwickelt werden. Damit hat sich die Arbeitsgruppe Stolzenbachhilfe konstituiert. In der Folgezeit trifft sich die Gruppe 14-tägig.

10. JUNI 1988
Borken und Radevormwald

In der Wochenzeitung »DIE ZEIT« erscheint ein Bericht, der im Laufe der weiteren Arbeit für die Arbeitsgruppe Stolzenbachhilfe entscheidende Bedeutung bekommt. Der Journalist Werner Schlegel berichtet über die Oberbergische Kleinstadt Radevormwald, wo vor 17 Jahren 41 Kinder und fünf Erwachsene bei einem Eisenbahnunglück ums Leben kamen. Titel des Beitrages: »Als wäre es gestern gewesen«. Untertitel:»Noch immer herrschen Trauer und Zorn, und tiefe Gräben trennen die Menschen«. Das ist die entscheidende Botschaft für Borken: Was wird aus einer Gemeinde, die von einer Katastrophe betroffen ist und anschließend ohne Hilfe sich selbst überlassen bleibt?

10./11. JUNI 1988
Keine weiteren Überlebenden mehr

In der Nacht vom 10. auf den 11. Juni wird auch der letzte tote Bergmann gefunden und geborgen. Damit ist die traurige Bilanz nun endgültig und offiziell: Das Grubenunglück von Stolzenbach hat 51 Tote gefordert.

11. JUNI 1988
Hilfe von außen

Wenige Stunden, nachdem auch der letzte noch vermißte Bergmann tot geborgen worden ist, übergibt ein Abgesandter der Brüsseler EG-Kommission einen Scheck über rund 1,24 Millionen Mark. Die Hilfsgelder sollen sofort und unbürokratisch vom DRK an die betroffenen Familien weitergeleitet werden.

Borkens Bürgermeister berichtet von einer Welle der Hilfsbereitschaft. Neben der EG-Hilfe sind mittlerweile allein auf
den Borkener Spendenkonten 520 000 Mark zusammenge-
kommen. Urlaubsplätze für die Betroffenen werden selbst aus
England und der Schweiz angeboten. Nach Patenschaften für
türkische und deutsche Kinder ist gefragt worden, Sachspenden und Benefiz-Veranstaltungen sind angekündigt, deren Er-
löse den Hinterbliebenen zugute kommen sollen.

Mitte Juni 1988
Der Wunsch nach gemeinschaftlicher
Trauerarbeit wächst

Der DRK-Kreisverband Schwalm-Eder sieht sich unvermittelt
vor die Aufgabe gestellt, innerhalb kürzester Zeit die Spendengelder der EG-Kommission an die Hinterbliebenen zu verteilen. Vorrangiges Ziel ist dabei zunächst einmal, die Entstehung
wirtschaftlicher Notlagen zu verhindern. Die Verteilung des
größten Teiles der Spendengelder erfolgt bei Hausbesuchen
von DRK-Mitarbeitern vom Juni an.

Sehr häufig nehmen diese Hausbesuche mehrere Stunden
in Anspruch, weil das Mitteilungsbedürfnis der Betroffenen
sehr groß ist. Von allen Beteiligten erfordert dies ein hohes Maß
an Einfühlungsvermögen und Takt. Die Helfer berichten vom
immer wieder geäußerten Wunsch der Betroffenen, sich mit
Schicksalsgefährten zu treffen. um vielleicht gemeinsam mit
den Folgen besser fertig zu werden.

14. Juni 1988
Betriebsleitung und Betriebsrat nehmen
Hausbesuche auf

Neben den Hausbesuchen der Werksfürsorgerinnen beginnen
nach der Bergung aller Verunglückten auch Betriebsleitung
und Betriebsrat damit, alle Familien persönlich aufzusuchen.
Die Absicht dabei ist vielfältig: Verbundenheit und Mitgefühl
zum Ausdruck bringen, Fragen beantworten oder weiterleiten,
direkt Hilfe leisten. Und auch, mit den Betroffenen über alles
zu sprechen, was sie bewegt.

Schmerz und Trauer einerseits, Gefaßtheit und Offenheit andererseits, manchmal unterdrückte Trauer, seltener Verschlossenheit prägen die Stimmung. Gesprochen wird auch über die Frage nach Schuld und Schuldigen, über negative Erlebnisse mit den Medien, über positive und negative Erfahrungen mit den Mitbürgern.

23. JUNI 1988
Neid und Mißgunst!?

Zentrale Fragen des zweiten Treffens der Arbeitsgruppe sind: »Wie können wir an die Trauernden herankommen? Wie können wir ihnen helfen?« Die türkischen Familien versuchen, im eigenen Familien- und Freundeskreis die Probleme anzusprechen und zu lösen.

Für die Kinder aus betroffenen Familien gibt es mittlerweile eine organisierte Hausaufgabenhilfe. Auffälligkeiten sind bei den Kindern noch nicht zu beobachten. Das entspricht den Erwartungen: Reaktionen werden erfahrungsgemäß erst nach etwa einem halben Jahr sichtbar.

Während das wichtigste Problem für die Betroffenen und die Helfer noch darin besteht, zu lernen, mit der Trauer umzugehen, hat sich bereits ein neues – und zumindest zu diesem Zeitpunkt unerwartetes – Problemfeld aufgetan. In der Arbeitsgruppe Stolzenbachhilfe wird von Spannungen im Ort berichtet, die im angelaufenen Hilfsprogramm ihren Ausgangspunkt finden. Nicht von dem Bergwerksunglück Betroffene beschweren sich offen oder versteckt: »Die kriegen alles bezahlt – wir kriegen nichts, wenn bei uns etwas los ist.« Mit den Medienberichten über die Welle der Hilfsbereitschaft nehmen Äußerungen von Neid und Mißgunst in der Öffentlichkeit noch zu.

Zum ersten Mal wird darüber diskutiert, ob und wie eine Supervision für die Helfergruppe installiert werden kann. Schon jetzt wird deutlich, daß auch für die Helfer Hilfe unverzichtbar ist.

29. JUNI 1988
Ein Kuratorium für den Hilfsfonds

Noch im Juni, am 29. des Monats findet im Borkener Rathaus die konstituierende Sitzung des Kuratoriums »Hilfsfonds Grubenunglück Stolzenbach« der Stadt Borken statt. Das Kuratorium besteht aus 22 Mitgliedern. Vertreter entsenden die betroffenen Gemeinden, der Kreis, Betriebsrat, Betriebsleitung und Werksfürsorge der PreussenElektra, die Kirchen, die Wohlfahrtsorganisationen, türkische Gemeinschaften, Banken und Rechtspflege.

Aufgabe des Kuratoriums ist die Verwaltung und bestimmungsgemäße Verwendung der Geld- und Sachspenden. Alle Mitglieder des Kuratoriums erklären sich satzungsgemäß bereit, ihre Arbeit ehrenamtlich, also unentgeltlich zu verrichten.

5. JULI 1988
Das Hilfswerk wird vorgestellt

Auf einer Pressekonferenz erläutern der Pressesprecher der PreussenElektra und der Gesamtbetriebsrats-Vorsitzende Aufgabenstellung, Ausstattung und Arbeitsweise des Hilfswerks Grube Stolzenbach. Dem Hilfswerk stehen insgesamt rund 4,5 Millionen DM zur Verfügung, die von der PreussenElektra (3 Millionen DM), deren Mitarbeitern (700 000 DM) und verschiedenen Spendern eingebracht wurden.

Zentrale Aufgabe des Hilfswerkes ist es, die Kinder aus den betroffenen Familien bis zum Höchstalter von 25 Jahren bei ihrer Ausbildung zu unterstützen.

Daneben bietet das Hilfswerk auch kurzfristige Hilfen. Zum Empfängerkreis gehören rund 200 Personen. Hilfen werden aber nicht pauschal gewährt, sondern abhängig von der Bedürftigkeit. Dadurch ist es auch möglich, Frauen zu helfen, die mit ihrem verunglückten Lebensgefährten nicht verheiratet waren. Neben den Hinterbliebenen werden auch die geretteten und verletzten Bergleute unterstützt.

Außer finanziellen Hilfen gibt es für die Betroffenen auch weitere Unterstützung bei der Suche von Ausbildungsplätzen, bei der Vermittlung von Arbeitsplätzen innerhalb und außerhalb des Unternehmens, durch Beratung in steuerlichen und sozialen Fragen sowie bei Behördenangelegenheiten ganz allgemein. Für alle Betroffenen ist die psychologische Langzeitbetreuung fest in der Satzung des Hilfswerkes verankert.

SICHTWEISEN
Wenn Unternehmensvertreter und externe
Spezialisten zusammenarbeiten

Die Bewältigung einer Katastrophe vom Ausmaß des Borkener Grubenunglücks erfordert einerseits die Zusammenarbeit verschiedener Fachleute, um die Hilfeleistungen zunächst entwickeln und später umsetzen zu können. Andererseits müssen die finanziellen Voraussetzungen geschaffen werden, um ein Hilfsprogramm wie das der Stolzenbachhilfe überhaupt realisieren zu können – und dazu bedarf es eines engen Austausches mit dem finanzierenden Unternehmen.

Beides gelang in Borken in vorbildlicher Weise, als Ergebnis intensiver und kontroverser Diskussionen und harter Auseinandersetzungen.

Die Ausgangspositionen der Unternehmensvertreter und der externen Spezialisten lassen sich dabei folgendermaßen beschreiben: Die PreussenElektra hatte schon auf der Trauerfeier – vertreten durch den Vorstandsvorsitzenden – großzügige Hilfe versprochen und deutlich gemacht, daß sich das Unternehmen nicht aus der Verantwortung ziehen werde. Es war allerdings als Grundhaltung deutlich spürbar, daß eine Abwicklung der Folgen des Unglücks unter pragmatischen Gesichtspunkten gewünscht wurde.

Auf Seiten der Spezialisten war das Bestreben da, die psychosozialen Hilfsangebote so umfassend und effektiv wie möglich zu gestalten, ausländische Erfahrungen miteinzubeziehen und eine Art Modell der idealen Katastrophenbewältigung zu erstellen. Die PreussenElektra wurde dabei in erster Linie als Geldgeber gesehen, weniger als Institution, die auch inhaltlich bei der Gestaltung der Hilfsmaßnahmen einen Beitrag leisten könnte oder sollte.

Tatsächlich wurden dann jedoch im Laufe der Jahre viele inhaltliche Auseinandersetzungen geführt, in deren Verlauf beide Seiten voneinander lernten. Zwei Beispiele seien dafür aufgeführt.

Das erste Beispiel: Gleich zu Beginn der Betreuung kam ein harter Konflikt auf, der fast die weitere Mitarbeit des Psychosomatikers und des Psychologen der Arbeitsgruppe Stolzenbachhilfe verhindert hätte. Die Therapeuten verlangten, für die Betreuung der Hinterbliebenen ein Haus anzumieten. Die Firmenvertreter jedoch bestanden darauf, Räumlichkeiten der Werksfürsorge für diesen Zweck zu nutzen.

Die externen Fachleute argumentierten mit therapeutischen Überlegungen: Es sei wichtig für die Betroffen, Distanz zu halten zur PreussenElektra als vermeintlich »Verantwortliche« für das Unglück. Neutrale Räume, so die Therapeuten, gäben bessere Voraussetzungen für den Aufbau eines Vertrauensverhältnisses zwischen Betreuern und Betreuten.

In dieser Argumentationsweise war implizit enthalten, Preussen-Elektra als reinen Geldgeber zu nutzen, das Unternehmen damit jedoch aus der konkreten Betreuung der Betroffenen vollkommen auszuschließen.

Die Unternehmensvertreter argumentierten einerseits wirtschaftlich damit, es sei zu teuer, extra noch ein Haus anzumieten, wenn Räumlichkeiten zur Verfügung stehen. Dazu kam, daß das Unternehmen eben auch an den Betreuungsmaßnahmen beteiligt sein wollte.

Die schließlich getroffene Entscheidung, in die Räume der Werksfürsorge zu gehen, erwies sich im nachhinein als richtig. Dort war für die Betroffenen am deutlichsten spürbar, daß das Unternehmen zwar einerseits in einem gewissen Sinn »verantwortlich« für das Unglück war, aber sich zugleich aktiv an der Gestaltung der Maßnahmen zur Bewältigung der Katastrophenfolgen beteiligte.

Beim zweiten Beispiel lief der Lernprozeß umgekehrt. Im Rahmen der Stillegungsmaßnahmen für Kraftwerk und Bergbau in Borken wurde auch darüber diskutiert, ob die vier noch in Borken verbliebenen Mitglieder aus der Gruppe der insgesamt sechs geretteten Bergleute in anderen Betrieben der PreussenElektra, außerhalb Borkens, neue Arbeitsplätze finden sollten. Aus psychologischer Sicht schien dies – nach dem Erleben eines schlimmen Traumas, dem Wegfall des bisherigen Arbeitsplatzes im Tiefbau und dem Verlust der vielen Freunde und Kollegen – eine nicht zumutbare Belastung zu sein.

Auf seiten des Unternehmens wollte man jedoch keinen Unterschied machen zwischen den Geretteten und den anderen Mitarbeitern der Firma, die auch Borken verlassen mußten. Nach intensiven Gesprächen konnten die Therapeuten bei der Firmenleitung Verständnis wecken für die spezielle psychische Ausnahmesituation der vier aus der Grube Stolzenbach geretteten Bergleute.

Es wurde eine Lösung gefunden, bei der die Betroffenen zunächst den Einsatzort Borken gar nicht verlassen mußten und später einen Arbeitsplatz in zumutbarer Entfernung vom Heimatort angeboten bekamen.

Immer wieder kam es im Laufe der vier Jahre zu ähnlichen Auseinandersetzungen, die aufgrund des gewachsenen Verständnisses für das Machbare auf der einen Seite, aufgrund gesteigerter Sensibilität für die psychische Situation der Betroffenen auf der anderen Seite, fast ausnahmslos zu positiven, produktiven Lösungen führten.

JULI 1988
Kollektive Trauer

Nur wenige Familien nehmen die als Spenden angebotenen Ferienquartiere außerhalb Borkens an. Die Mütter sind auch noch nicht dazu bereit, ihre Kinder allein fahren zu lassen. Die türkischen Familien gehen zur Beisetzung ihrer Angehörigen vorübergehend in die Türkei. Hausbesuche durch Mitglieder der Arbeitsgruppe, vor allem durch die Werksfürsorgerinnen, werden fortgesetzt. Immer stärker zeigt sich, wie nachhaltig das Grubenunglück in das Leben der ganzen Gemeinde eingreift. Es ist eine Phase tiefer Trauer und hilfloser Erstarrung.

Ein halbes Jahr lang werden alle öffentlichen Veranstaltungen abgesagt. Weder die Bärenkirmes noch das Heimatfest noch das Betriebsfest der PreussenElektra finden statt. Die Gemeinde ist sich einig darin, gemeinsam diese Phase kollektiver Trauer zu durchleben. Auf Unverständnis stößt das Verhalten eines Schaustellers, der sein Unterhaltungsprogramm wegen der Gemeindetrauer nicht durchführen kann. Er verlangt Entschädigung von der Gemeinde, erhält sie aber nicht, geht daraufhin den Klageweg – und bekommt Recht durch einen Spruch des zuständigen Amtsrichters.

21. JULI 1988
Erstes Treffen der Betroffenen

Das DRK entschließt sich zu dem Wagnis, bereits am 21. Juli 1988 ein erstes Treffen der Betroffenen zu veranstalten. Es findet im Gemeinschaftshaus Trockenerfurth statt. Fast alle Eingeladenen erscheinen. Viele haben Angehörige oder Freun-

de gebeten, sie zu begleiten. Vor jedem Kaffee-Gedeck ist eine
kleine Gedenkkerze angezündet. Zunächst ist nur eine bleier-
ne Trauer spürbar, die hier und da von verkrampftem Schluch-
zen unterbrochen wird.

Der DRK-Kreisgeschäftsführer hält eine kleine Ansprache.
Um die fast körperlich spürbare Beklemmung zu beheben,
bringt er dann den erlösenden Anstoß. »Wir finden uns zusammen«, ermuntert er die Anwesenden. Alle sollen ihre Nachbarn bei den Händen fassen. Die Anwesenden folgen zögernd
der Aufforderung – und die Anspannung fällt buchstäblich
von ihnen ab. Ganz allmählich kommen dann erste Gespräche
in Gang. Später verlassen einzelne sogar ihren Platz, um sich
an den Nebentisch zu setzen und mit andern ins Gespräch zu
kommen.

Insgesamt finden in den folgenden 2½ Jahren weitere neun
solcher Nachmittags-Treffen in Trockenerfurth statt. 80 bis 100
Personen sind immer dabei, eine bemerkenswerte Konstanz
über einen so langen Zeitraum. Zwei Theaterfahrten ins Staats-
theater Kassel, drei Tagesausflüge sowie eine Zwei-Tages-Fahrt
nach Bremen bringen immer wieder unterschiedliche Gruppen zusammen: Mütter mit Kindern, Betroffene der älteren
Generation, Eltern größerer Kinder. All das vertieft das Zusammengehörigkeitsgefühl der Betroffenen weiter und hilft ihnen,
sich gemeinsam schrittweise wieder dem Alltag zu öffnen.

AUGUST 1988
Kontroverse Grundsatzdiskussion

Die Arbeitsgruppe hat von Anfang an Mitglieder sehr unterschiedlicher Herkunft, Arbeits- und Sichtweise; Ärzte, Seelsorger, Lehrer, Psychologen und Mitarbeiter der PreussenElektra
arbeiten mit. In den 14-tägigen Treffen der Gruppe werden
immer neue Probleme erkannt, die angegangen werden müssen. Aber es fehlt noch an einem umfassenden Konzept, das
die vielfältigen Betreuungsmaßnahmen koordiniert, gewichtet
und steuert.

Es kommt zu ersten, unerwarteten Gegenreaktionen. Helfer äußern sich zunehmend frustriert, die Fragen nach geziel-
ten Hilfen werden immer häufiger. Von Seiten der Preussen-

Elektra kommt der Vorschlag, die psychotherapeutische Leitung anders als bisher zu besetzen, um dem konzeptionellen
Mangel abzuhelfen. Teil des Vorschlages ist die Hinzuziehung
eines externen Teams. Der Vorschlag führt zu heftigen Reaktionen in der Arbeitsgruppe, unter anderem deshalb, weil ein zu
starker Einfluß des Unternehmens auf die unabhängige Arbeit
befürchtet wird. Außerdem besteht Konsens in der Gruppe
darüber, daß das Konzept und seine Umsetzung aus der Region kommen muß.

Nach kontroverser Diskussion wird der Vorschlag, ein ex-
ternes Team hinzuzuziehen, schließlich abgelehnt. Aber die
Kontroverse führt zu einem unerwartet positiven Ergebnis:
Die Gruppenmitglieder erkennen, daß die bisherige Arbeitsweise nicht optimal war und dringend ein umfassendes Programm formuliert werden muß. So ist es letztlich ein äußerer
Anlaß, der den entscheidenden Anstoß zur Bildung einer wirklich gemeinsam arbeitsfähigen Gruppe gibt.

Neben den laufenden Betreuungsarbeiten erstellt die Arbeitsgruppe in der zweiten Hälfte des Jahres 1988 ein »Hilfsprogramm zur gesundheitlichen Betreuung der Betroffenen
des Grubenunglücks«.

SEPTEMBER 1988
Schulschwierigkeiten werden manifest

Von September an trifft sich die Arbeitsgruppe Stolzenbachhilfe in einem vierwöchigen Turnus. Erste Schulschwierigkeiten
zeigen sich bei den Kindern verunglückter Bergleute. Ärzte,
Sozialarbeiter, Lehrer und Seelsorger entschließen sich, verstärkt zu kooperieren.

4. BIS 9. SEPTEMBER 1988
Internationaler Erfahrungsaustausch

In Marburg findet die 17th European Conference on Psychoso-
matic Research statt. Einen Schwerpunkt des Programms bilden Erfahrungsberichte darüber, wie das Individuum mit Ex-
trembelastungen umgehen kann. Ein knappes Jahr zuvor, am
18. November 1987, hatte der U-Bahn-Brand an der Haltestelle
King's Cross im Zentrum von London zum Tod von 32 Men-

schen geführt. Dann hatte sich das Unglück von Borken ereig-
net, und schließlich war es am 28. August 1988 zur Flugzeugkatastrophe von Ramstein gekommen.

Viele Teilnehmer dieser internationalen Konferenz äußern
sich angesichts der Häufung solcher Katastrophen in unserer
so scheinbar sicheren, technisierten Welt betroffen. Aus Borken
nehmen Mitglieder der Arbeitsgruppe Stolzenbachhilfe am
Erfahrungsaustausch teil. Sie knüpfen in Marburg unter anderem Kontakt zu einer türkischen Spezialistin für Psychosomatik
und Psychoanalyse, die bereits in anderen Zusammenhängen
mit Katastrophenopfern gearbeitet hat. Sie verfügt damit über
wertvolle Erfahrungen im Umgang mit der Kernproblematik
der bevorstehenden Betreuungsarbeit in Borken. Es gelingt
später, diese Expertin langfristig als Projektsupervisorin in die
Arbeitsgruppe Stolzenbachhilfe einzubinden und insbesondere ihre transkulturellen Erfahrungen nutzbar zu machen.

OKTOBER BIS DEZEMBER 1988
Wo ist der richtige Platz für therapeutische Gespräche?

Einen breiten Raum nimmt während der Monate Oktober bis
Dezember '88 die Diskussion der Frage ein, wo das »Hilfsprogramm« örtlich anzusiedeln ist. Zur Auswahl stehen die Räumlichkeiten der Werksfürsorge und des Betriebsarztes, also betriebseigene Räume außerhalb des eigentlichen Firmengelän-
des, oder aber angemietete Räume ohne Verbindung zum Unternehmen. Für die erste Lösung votieren hauptsächlich Vertreter der PreussenElektra, für die zweite vor allem Arzt und
Psychologe der Arbeitsgruppe.

Im Hintergrund dieser Diskussion stehen Berichte insbesondere der Werksfürsorgerinnen, aus denen die Therapeuten
in der Arbeitsgruppe ein mögliches Problem für ihre Arbeit
ableiten. Die Werksfürsorgerinnen erlebten verschiedentlich in
der Anfangszeit der Betreuung eine gewisse Distanz bei den
Betroffenen mit dem Vorwurf, für eine Firma zu arbeiten, die
für das Unglück verantwortlich sei. In einzelnen Gesprächen
gingen die Vorwürfe und Angriffe so weit, daß der Firma
unterstellt wurde, sie habe es fahrlässig zur Explosion kommen lassen, um so eine unrentable Grube schneller schließen
zu können.

Die Fürsorgerinnen als Angestellte dieser Firma wurden, so die Interpretation der Psychologen, auf diese Weise als Aggressorinnen wahrgenommen, vor denen man sich schützen müsse. Einige der Betroffenen äußern zudem deutlich gegenüber den Therapeuten, daß sie Schwierigkeiten mit dem Gedanken haben, in unternehmenseigenen Räumen über das Unglück und seine Folgen zu sprechen. Sie würden eine völlig unbelastete Umgebung vorziehen.

Die Vertreter des Unternehmens bewerten diese Vorgänge als extreme Auswüchse, die unrealistische Sichtweisen einzelner zeigen und beim weiteren Vorgehen nicht besonders berücksichtigt werden müssen. Für den Psychotherapeuten der Arbeitsgruppe sind dagegen die Phantasien durchaus Realität. Die Betroffenen erleben die Realität eben auf diese Weise, und damit ist sie psychisch real. Zwei Wirklichkeiten stehen sich gegenüber, eine Einigung erscheint schwer vorstellbar.

Schließlich entscheidet die alltägliche Praxis: Die Betroffenen kommen weiterhin in das Gebäude von Werksarzt und -Fürsorge. Anfängliche Abwehrhaltungen können mehr und mehr überwunden werden. Damit wird es zunehmend möglich, hier auch therapeutische Gespräche zu führen. Entgegen den Befürchtungen gehen also keine tiefgehenden Belastungen von der Örtlichkeit Betriebsgebäude aus. So einigt sich die Arbeitsgruppe schließlich, das Hilfsprogramm innerhalb und nicht außerhalb des Gebäudes von Werksfürsorge und Werksarzt anzusiedeln.

Im Nachhinein zeigt sich die Richtigkeit der Entscheidung. Dies vor allem deshalb, weil von Beginn an die Arbeit auf der Entwicklung von direkten Beziehungen zwischen Werksfürsorgerinnen und Betroffenen basiert. Die Fürsorgerinnen sind gewissermaßen die ›Eintrittskarte‹ für die externen Helfer, insbesondere für die Therapeuten, die den Betroffenen weder von der Person noch von ihrer Herkunft her zunächst vertraut sind. Ein räumliches Abrücken des Hilfswerkes vom Arbeitsplatz der Werksfürsorgerinnen hätte von den Betroffenen als inhaltliche Distanzierung, sogar als Bestätigung der (imaginierten) Schuldzuweisungen an das Unternehmen verstanden werden können. Eine Spaltung des Helferteams wäre möglicherweise die Folge gewesen.

14. OKTOBER 1988
Brief an die Betroffenen

Die Anforderungen nach konkreter Hilfe werden dringender.
In dieser Phase wird am 14. Oktober, 4½ Monate nach dem
Unglück, an alle Betroffenen ein Brief verschickt. Die Arbeitsgruppe und das Kuratorium des Hilfsfonds Grubenunglück
Stolzenbach wenden sich damit erstmals gemeinsam an alle
Betroffenen, um ihnen umfassende Hilfe anzubieten. Sie werden in dem Brief darauf aufmerksam gemacht, wie sich die
seelischen Belastungen durch die Katastrophe im körperlichen,
psychischen und sozialen Bereich auswirken können. Damit
soll Angst genommen und Irritationen vorgebeugt werden.
Alle Betroffenen sollen so früh wie möglich erfahren, daß es
nicht ›unnormal‹ ist oder irgendwie krankhaft, was mit und in
ihnen geschieht. Und daß ihnen gezielt geholfen werden kann
– wenn sie das wollen.

OKTOBER 1988
Hilfe für die Helfer

Sowohl die Seelsorger als auch die Sozialarbeiter und Lehrer
gehen jetzt in Supervisionssitzungen. Unter Anleitung eines
sogenannten Supervisors, eines neutralen und unabhängigen
Experten, wird die Zusammenarbeit der Fachleute miteinander und mit den Rat- und Hilfesuchenden kritisch besprochen.
Bei Bedarf werden gemeinsam Lösungsvorschläge für besondere Problemsituationen entwickelt.

Gerade aus Sicht der Werksfürsorgerinnen, die durch ihren
ständigen engen Kontakt mit den Betroffenen besonderen Belastungen ausgesetzt sind, gewinnt die Supervision enorme
Bedeutung. Sie bietet die Möglichkeit, in einem geschützten
Kreis bei der Arbeit zwangsläufig aufkommende Frustratio-
nen zu äußern und abzuarbeiten.

Bei den Seelsorgern läuft die Supervision schon nach kurzer Zeit wieder aus. Die örtlichen Pfarrer und der ihnen zuge-
wiesene Supervisor haben Schwierigkeiten, sich gegenseitig
zu akzeptieren. Da der Problemdruck für die Seelsorger aber
nach eigener Einschätzung nicht so hoch ist wie für andere

Helfergruppen, unterbleiben Versuche, bei der Supervision zu einem befriedigenderen Ergebnis zu kommen.

November 1988
Erste Elternabende

Im November 1988 laden Grundschule und Gesamtschule die Mütter von Kindern im Alter von 5 bis 18 Jahren zu zwei gemeinsamen Elternabenden ein, die im Abstand von 14 Tagen stattfinden. Im Mittelpunkt der Abende steht das Gespräch über die Probleme, die für die Familien durch den Verlust des Vaters entstanden sind. Noch eine weiterführende Absicht verfolgt die Veranstaltung. Den Müttern soll das Angebot gemacht werden, sich in festen Gruppen regelmäßig zu treffen.

Die Mütter berichten offen über ihre Probleme. Sie zeigen sich erleichtert darüber, endlich mit anderen Betroffenen und Fachleuten wie dem anwesenden Psychologen über ihre Probleme sprechen zu können.

28. November 1988
Ehrung mit leichtem Beigeschmack

In einer Feierstunde ehren der hessische Ministerpräsident und der Vorstand der PreussenElektra die Rettungsmannschaften, Hilfsorganisationen und Helfer. Das Bundesverdienstkreuz wird an den Einsatzleiter der Grubenwehren, einen maßgeblichen Helfer und einen Geretteten, der besondere Umsicht gezeigt hatte, verliehen. Weitere Medaillen und Ehrenurkunden werden überreicht. Unter den Geehrten sind Mitglieder der Grubenwehren aus dem Bergwerk Haus Aden, vom technischer Sonderdienst der Bergbau AG Lippe und der Hauptstelle für das Grubenrettungswesen, die den entscheidenden Einsatz für die Rettung der sechs Überlebenden durchgeführt haben.

Die Absicht der Ehrung ist klar: Es soll Dank gesagt werden für den Einsatz in den Tagen nach dem 1. Juni 1988. Trotzdem fühlen sich manche der Geehrten nicht ganz wohl in ihrer Haut. »Ein wenig fühlen wir uns beschämt« zitiert die örtliche Presse am folgenden Tag einen der Retter.

Supervision

Supervision – der aus dem Lateinischen abgeleitete Begriff besagt soviel wie »Übersicht«, im Sinne von »Überblicken«, »Durchschauen«. Supervision findet statt in Form regelmäßiger Besprechungen von vorher begrenzter Dauer. Sie richtet sich an Fachleute, die viel und in direkter Weise mit Menschen und deren psychosozialen Problemen zu tun haben: Ärzte, Psychologen, Sozialarbeiter, Seelsorger, Lehrer oder Juristen.

Der Leiter der Supervision, der sogenannte Supervisor, ist ein neutraler und unabhängiger Experte menschlicher Interaktion. Unter seiner Anleitung besprechen die Fachleute der verschiedenen Disziplinen ihre Zusammenarbeit mit den Rat- und Hilfesuchenden kritisch – aber keinesfalls moralisch wertend. Erforderlichenfalls werden gemeinsam mit dem Supervisor Lösungsvorschläge für bestimmte Probleme entwickelt. Supervision – das ist ganz wesentlich eine Hilfe zur Standortbestimmung.

Die Supervision ist heute in weiten Bereichen der helfenden Berufe zu einem unverzichtbaren Bestandteil täglicher Arbeit geworden. Auch in der Industrie hat sie vielerorts ihren festen Platz. Werden Arbeitsprojekte mit besonders schwierigen Aufgabenstellungen durchgeführt, gibt es eine sogenannte »Projektsupervision«. Diese Institution wurde auch im Falle der Arbeitsgruppe Stolzenbachhilfe eingerichtet. Was Supervision leisten und für die Helfer bedeuten kann, wird am besten am Praxisbeispiel deutlich. Deshalb soll hier beschrieben werden, welche Rolle die Supervision im Projekt »Hilfe für die Opfer des Stolzenbacher Grubenunglücks« hatte.

Praxisbeispiel Arbeitsgruppe Stolzenbachhilfe

Die Betreuungsarbeit der Arbeitsgruppe Stolzenbachhilfe orientierte sich an folgenden Oberzielen:

1. Rehabilitation (Anpassung an die neue Lebenssituation, Umgestaltung der Lebensführung und -pläne gemäß der neuen Bedingungen
2. Gesundheitliche Versorgung (psychische und körperliche Störungen)
3. Beratung bei Erziehungsproblemen

Eine der Besonderheiten dieses Projekts bestand darin, daß eine binationale (deutsch-türkische) Betroffenengruppe zu betreuen war. Die Zusammensetzung der Arbeitsgruppe Stolzenbachhilfe spiegelte sowohl durch ihre Zusammensetzung aus Vertretern verschiedener Fachdisziplinen als auch durch die Mitarbeit deutscher und türkischer Fachleute die speziellen Aufgabenstellungen in Borken wieder.

Enge, harmonische Zusammenarbeit zwischen den Mitgliedern der Arbeitsgruppe war, wie in allen vergleichbaren Fällen auch, die wichtigste Voraussetzung überhaupt für ein Gelingen der gemeinsamen Arbeit. Dazu gehörte gegenseitiger Informationsaustausch, offene Besprechung der Probleme und gemeinsame Suche von Lösungen. Sehr früh schon wurde eine Supervision mit eingeplant, um unter anderem auch dafür zu sorgen, daß diese Hauptprinzipien der gemeinsamen Arbeit eingehalten wurden.

Aufgaben der Supervision in Borken

Trauerarbeit bedeutet für alle Beteiligten starke emotionelle Beanspruchung. Unter depressiven Verstimmungen verstecken sich oft aufgestaute aggressive Gefühle, die leicht auf Mitleidende oder Betreuer projiziert werden können. Solche und andere frustrierende Erlebnisse während der Betreuungsarbeit können für die Betreuer so belastend werden, daß aus ihnen Konflikte nicht nur zwischen Helfern und Betroffenen, sondern auch zwischen Helfern und Helfern entstehen.

Gerade in einem kleinen Ort wie Borken, wo sowohl das Unglück als auch die Hilfsarbeit von allen Einwohnern miterlebt wurde und lange Zeit im Mittelpunkt der Wahrnehmung stand, sind die Betreuer gewissermaßen Personen des öffentlichen Interesses. Alles, was sie tun oder sagen, wird kritisch und nicht immer wohlwollend begleitet. Dies führt leicht zu Überempfindlichkeiten und, in der logischen Folge, zu Konflikten. Meist beruhen diese Konflikte »lediglich« auf Mißverständnissen. Das Eingreifen einer neutralen, weder der Helfer- noch der Betroffenenseite eindeutig zuzuordnenden Institution wie der Supervision kann und soll in solchen Situationen entschärfend und konfliktlösend wirken. Sie tut dies vor allem dadurch, daß sie relativiert, also:

– Konflikte auf ihren Kern zurückführt,
– Gesprächsbereitschaft miteinander wieder herstellt oder stimuliert,
– einen geschützten Raum für Kritik und Selbstkritik bietet.

Im Dezember 1988 übernahm eine Ärztin für Allgemeinmedizin aus Kassel die Supervision für eine Reihe von Mitgliedern der Arbeitsgruppe Stolzenbachhilfe: für eine Lehrerin, eine Sozialar-

beiterin des DRK sowie für die drei Werksfürsorgerinnen und eine
weitere Mitarbeiterin der PreussenElektra. Die Kasseler Ärztin war
durch ihre Erfahrungen aus allgemeinärztlicher Tätigkeit in Verbindung mit psychotherapeutischen Qualifikationen besonders dazu
geeignet, die oben formulierten Hilfestellungen zu geben. Auch
die Seelsorger trafen sich zur Supervision, zwischen Oktober 1988
und März 1989 insgesamt fünfmal. Der Psychosomatiker und der
Psychologe der Arbeitsgruppe suchten während der gesamten Projektlaufzeit eine Einzelsupervision auf.

Die Betroffenen wurden von der Arbeitsgruppe Stolzenbachhilfe psychologisch in einer ganzen Reihe von Gruppen betreut.
Fachleute verschiedenster Disziplinen innerhalb der Stolzenbachhilfe arbeiteten mit den Betroffenen jeweils auf unterschiedliche
Weise. Die Gefahr, die in einer solch vielfältigen Arbeitsweise
liegt, besteht in einer möglichen Atomisierung der Betreuungsarbeit, der Blick für das Ganze geht verloren.

Die Untergruppen der Betroffenen durften aber gerade nicht als
voneinander getrennt betrachtet werden. Sie waren im Gegenteil
durch rege Wechselwirkung eng miteinander verknüpft. Das Gleiche galt auch für das Verhältnis zwischen den verschiedenen
Spezialisten in der Arbeitsgruppe Stolzenbachhilfe.

Die Erhaltung, wenn nötig: Wiederherstellung dieser Einheit
war eine der Hauptaufgaben für die Projektsupervision, die ebenfalls Ende 1988 installiert wurde. Für diese Aufgabe konnte eine
türkische Professorin für Psychiatrie von der Universität Istanbul
gewonnen werden, die zusätzlich Psychoanalytikerin und Fami-
lientherapeutin ist. Die Supervisionssitzungen fanden während der
gesamten Projektlaufzeit alle drei Monate statt. Dauer: jeweils drei
Tage. In der Regel nahmen alle Mitglieder der Arbeitsgruppe Stolzenbachhilfe an diesen Sitzungen teil. Im Anschluß daran erstellte
die Projektsupervisorin einen umfassenden Supervisionsbericht.

Am ersten Tag jedes Supervisionstreffens führte die Projektsupervisorin zunächst ein Teamgespräch mit den Betreuern. Gesprochen wurde über den allgemeinen Verlauf der Arbeit, inzwischen
aufgetauchte Probleme und Komplikationen sowie komplizierte
Einzelfälle. Zusätzlich fanden beispielsweise Treffen mit Lehrern
statt, um über das allgemeine Verhalten und eventuelle Schulpro-
bleme der Kinder aus betroffenen Familien zu sprechen.

Die bei den Treffen mit den verschiedenen Personen und Gruppen gesammelten Auskünfte und Eindrücke wurden am letzten Tag
des Supervisionstreffens wieder im Teamgespräch mit der Arbeitsgruppe besprochen. Anschließend erfolgte die Planung des weiteren Vorgehens.

Da die türkischen Betroffenen in ihrer Stellung zwischen den beiden Kulturen eine besondere Betreuung brauchten, führte die Projektsupervisorin auch mit ihnen Gruppen- und Einzelgespräche. Die Somatisierungstendenz war bei den türkischen Betroffenen groß. Ärztliche Beratung durch eine Türkin wurde von ihnen besonders gern in Anspruch genommen und half, die Übertragung körpersprachlicher Signale in den verbalen (und damit bewußten) Ausdruck zu erleichtern. Außerdem war das bloße Vorhandensein einer Kontaktperson in der Heimat für sie eine Stütze.

Verlauf der Supervisionstätigkeit

Zu Beginn der Supervision standen die Kontaktaufnahme mit den Betroffenen und die Herstellung einer vertrauensvollen Beziehung in der Therapie und der sozialen Versorgung im Vordergrund. Während der nächsten Phase der Arbeit begannen positive und negative Übertragungsprobleme sichtbar zu werden, die zu Konflikten auf verschiedenen Ebenen führten.

Auch die Arbeitsgruppe wurde davon, wenn auch eher unbewußt, beeinflußt und spielte die Konflikte auf ihrer Arbeitsebene durch. Bei den Supervisionssitzungen konnten diese Konflikte offen auf den Tisch gelegt, diskutiert und aufgelöst oder mindestens entschärft werden. Gleichzeitig mußten immer wieder die Arbeitsbereiche einzelner Mitarbeiter neu umschrieben und eindeutig gegen die Arbeitsfelder der Kollegen in der Arbeitsgruppe Stolzenbachhilfe abgegrenzt werden, um Überschneidungen und möglicherweise entstehende Konflikte zu vermeiden.

Nachdem die Trauerarbeit in den meisten Fällen einen zufriedenstellenden Verlauf genommen hatte, mußten die Übertragungsprobleme zwischen den Betroffenen und Betreuern aufgenommen und abgehandelt werden. Dabei kam es darauf an, die Betroffenen zur Selbständigkeit zurückzubringen und die Ablösung von den Bezugspersonen in der Betreuung vorzubereiten. Die Projektsupervisorin riet dazu, die Betroffenen möglichst energisch zur Teilnahme an sozialen Aktivitäten anzuregen. Dies war besonders wichtig für die soziale Integration der türkischen Betroffenen.

Im dritten Jahr wurde die Verarbeitung des Trauererlebnisses sowie auch die Regelung der materiellen Probleme zum großen Teil abgeschlossen. Es tauchten jedoch neue Probleme im sozialpsychologischen Bereich auf, die zum Teil als Folgen des traumatischen Erlebnisses interpretierbar waren. Innerfamiliäre Beziehungsprobleme, Fragen der Kindererziehung und des Rollenwandels traten nun in den Vordergrund. Auch bei diesen Themen war nun sozialpsychologische und therapeutische Unterstützung ge-

fragt. Ein abrupter Abbruch der Betreuung schien auch aus Sicht
der Projektsupervision nicht ratsam. Wichtig wurde dagegen, die
einzelnen Schritte für eine behutsame Zurücknahme der Betreuung
in der Arbeitsgruppe Stolzenbachhilfe abzustimmen, sie umzusetzen und die Wirkung bei den Betroffenen zu kontrollieren.

29. NOVEMBER 1988

Das therapeutische Hilfsprogramm steht

Zum Jahreswechsel 1988/89 wird das »Hilfsprogramm zur
gesundheitlichen Betreuung der Betroffenen des Grubenunglücks« verabschiedet. Für seine Umsetzung bindet die PreussenElektra vertraglich einen Psychologen und eine türkische
Werksfürsorgerin für den Zeitraum von zunächst 3½ Jahren.
Das Hilfswerk »Grube Stolzenbach« stellt für die Durchführung von Maßnahmen, die im Hilfsprogramm beschrieben
sind, jährlich 300.000 DM zur Verfügung.

Zielbestimmung des Programms: Hilfsangebote, die der
Entstehung von Krankheiten und Befindungsstörungen sowie
sozialer Dekompensation entgegenwirken.

Eine besonders gefürchtete Folge von Katastrophen wie der
in Borken ist das Posttraumatische Streß-Syndrom (PTSD) mit
seinen Vorstufen. Zum PTSD gehören eine Vielzahl von möglichen Symptomen und Beschwerden, die allesamt normale
Reaktionen sind, also nichts mit Anormalität oder psychiatrischen Problemen zu tun haben. Durch eine traumatisch erlebte, möglicherweise lebensbedrohende Belastung treten sie aber
gehäuft auf und sind in ihrer Schwere und Dauerhaftigkeit für
den einzelnen kaum zu verarbeiten.

Die Arbeitsgruppe erhält vom Kuratorium des Hilfswerkes
Grube Stolzenbach den Auftrag, erste Maßnahmen im Rahmen des mehrjährigen therapeutischen Hilfsprogramms einzu-
leiten. Damit wird die Arbeit der zunächst spontan, unter dem
direkten Eindruck der Bergwerkskatastrophe gegründeten Arbeitsgruppe endgültig auf eine feste organisatorisache Grundlage gestellt.

Schwerpunkt der zunächst beschlossenen Maßnahmen ist
die Fortsetzung der regelmäßigen Gespräche mit den Betroffe-

nen des Unglücks im Rahmen sozialer, ärztlicher, psychologischer, seelsorgerischer und pädagogischer Betreuung. Das Gesamtprogramm soll eine gezielte, personenbezogene Betreuung ermöglichen und insbesondere familiäre und gemeindebezogene Kriterien in die Therapie einbeziehen. Hauptaufgabe des jetzt fest engagierten Psychologen ist es zunächst, eine kontinuierliche therapeutische Gruppenarbeit in Gang zu bringen. Durch seine Teilnahme an den beiden Elternabenden im November ist er zumindest bei den Müttern bereits gut eingeführt.

15. DEZEMBER 1988
Gruppenfindung

Mitte Dezember treffen sich in der Borkener Schule rund 50 Personen aus dem Kreis der Hauptbetroffenen: Witwen, Eltern und erwachsene Kinder.

Die Therapeuten der Arbeitsgruppe geben jedem der Anwesenden Gelegenheit, über sein Befinden zu sprechen. Fast ausnahmslos berichten sie von nachhaltigen funktionellen und Befindensstörungen: Kopf-, Magen- und Herzschmerzen, Schwitzen, Ohrensausen und Zittern, häufige Müdigkeit, Nackenbeschwerden, Einschlaf- und Durchschlafstörungen, Alpträume. Viele halten es nur bei eingeschaltetem Licht im Bett aus.

Zu den körperlichen Beschwerden kommen psychische Probleme: Gefühle der Hilflosigkeit, Verlassenheit und Schuld, bis hin zu Wut, Haß und Verzweiflung. Vieles macht Angst: allein einzukaufen, offene Plätze, enge Räume.

Die Schilderungen schaffen eine beklemmende Stimmung, die sich erst allmählich aufzulösen beginnt, als schließlich die Gruppenbildung einsetzt. Um mit der Situation besser umgehen zu können, schlagen die Therapeuten die Bildung themenzentrierter Gruppen vor. Gemeinsam mit den Anwesenden wird versucht, bestimmte Hauptprobleme herauszufiltern, zu benennen und in einzelnen Gruppen anzugehen. Körperbeschwerden, Erziehungsfragen, Alleinsein – insgesamt werden schließlich sechs Themen zur Gruppenbildung angeboten. Aus dem Plenum kommt der Vorschlag für das zusätzliche, siebente Angebot einer »Neigungsgruppe« – eine Gruppe von Menschen, »mit denen ich zusammen sein möchte«.

Zur Überraschung der Therapeuten entscheiden sich fast alle Anwesenden für dieses zusätzliche Angebot. In einem ersten Versuch zur Gruppenfindung bilden sich so sechs Neigungsgruppen heraus. Das ist ein Indiz dafür, daß das Herangehen an konkrete Probleme eben erst der zweite Schritt sein kann. Zunächst muß sich ein Vertrauen schaffender sozialer Rahmen etablieren. Aber die von den Betreuern erwünschte gemischte Gruppe aus deutschen und türkischen Müttern entsteht nicht. Außer einer Türkin wollen alle vorerst ›unter sich‹ bleiben.

Bei einem zweiten Treffen in der Borkener Schule, am 27. Januar des Folgejahres, kommen neben Witwen, Eltern und erwachsenen Kindern auch Angehörige der Grubenwehr und einige Betriebsangehörige hinzu.

Gruppenarbeit – wozu?

Im November 1988, also 5 Monate nach dem Unglück von Borken, wurde in der Arbeitsgruppe Stolzenbachhilfe verstärkt darüber diskutiert, den Betroffenen die Möglichkeit zu geben, in Gruppen über das Geschehene und die psychischen Auswirkungen zu reden. Es wurde schnell deutlich, daß reine Selbsthilfegruppen von den Betroffenen nicht organisiert werden konnten, da die meisten sich in einer Phase der Erstarrung und des inneren wie äußeren Rückzugs befanden.

Vorbild für die zu bildenden, psychologisch geleiteten Gruppen waren die sogenannten »debriefing«-Gruppen, die mit Erfolg von dem norwegischen Psychiater Arne Sund bei der Bewältigung von Katastrophenfolgen durchgeführt worden waren. Sinn solcher Gruppen ist es, möglichst bald nach einer Katastrophe mit den Betroffenen die traumatischen Erlebnisse gemeinsam zu besprechen. Dadurch soll verhindert werden, daß der einzelne mit der psychischen Verarbeitung überfordert wird.

Wenn der Betroffene keine solche Möglichkeit hat, besteht die Gefahr, daß er innerlich von dem Erlebten nicht loslassen kann, sich bestimmte Szenen quälend immer wieder im Kopf abspielen, unbegründete Schuldgefühle entstehen – um nur einige der möglichen Folgen zu nennen. Die nicht verarbeiteten Erlebnisse können einen Menschen so nachhaltig beeinflussen, daß er grüblerisch oder depressiv wird, sich mehr und mehr von der Umwelt zurückzieht, organisch erkrankt und arbeitsunfähig wird. Die Gefahr, Alkohol oder andere Drogen unkontrolliert zu verwenden und abhängig zu werden, ist in dieser Phase besonders groß.

Durch die Werksfürsorgerinnen wurden die Betroffenen darauf vorbereitet, daß demnächst die Möglichkeit geboten würde, an Gruppen unter psychologischer Leitung teilzunehmen, in denen mit anderen Betroffenen über das Erlebte und seine Folgen gesprochen werden könnte.

Rund zwei Drittel der Witwen, Lebensgefährtinnen und Eltern, alle Geretteten, fast alle Verletzten und Grubenwehr-Mitglieder und eine Reihe von Betriebsangehörigen nahmen dieses Angebot an. Das Mißtrauen gegenüber dem anfänglich noch fremden Psychologen löste sich allmählich auf. Eine wichtige Rolle spielte dabei, unmißverständlich klarzumachen, daß die in den Gruppen besprochenen Inhalte weder an die PreussenElektra noch an die Öffentlichkeit weitergeleitet werden durften. Durch die negativen Erfahrungen mit der Presse in Hinblick auf Vertraulichkeit und Wahrung der Intimsphäre waren viele Betroffene nachhaltig beeinflußt und verunsichert. Der Hinweis, daß der Psychologe zwar von der PreussenElektra eingestellt wurde, jedoch weisungsfrei arbeiten konnte und keinerlei Auskunftspflicht der Firma gegenüber hatte, half, das notwendige Vertrauensverhältnis entstehen zu lassen.

Die ersten Gruppensitzungen wurden von vielen so erlebt, als seien Dämme aufgebrochen, hinter denen eine ungeheuer stark angestaute Macht von Gefühlen der Verzweiflung, der Wut, der Trauer, des Grams, der Hoffnunglosigkeit steckte. Das Ausmaß des psychischen Leidensdrucks war so immens, daß es auch für einen von außen Dazugekommenen nur schwer zu ertragen war und so auch der betreuende Psychologe sehr schnell kein Außenstehender mehr sein konnte. Allein die Aufforderung: »Erzählen Sie bitte, was Sie erlebt haben«, wirkte wie das Öffnen eines Ventils. Die Tränen flossen als Ausdruck dessen, daß man alle schmerzhaften Gefühle, die mit dem Unglück in Zusammenhang standen, erneut erlebte.

Viele Gruppenteilnehmer machten die paradoxe Erfahrung, daß es ihnen nach den ersten Gruppensitzungen schlechter ging als vorher. Waren sie nicht in die Gruppe gekommen, damit es ihnen besser gehe? Durch die intensive Beschäftigung mit dem eigenen Schmerz und zusätzlich mit dem Leid der anderen war es vielen Gruppenteilnehmern in der ersten Zeit unmöglich, nach einem Gruppenabend, der oft 3 bis 4 Stunden dauerte, Schlaf zu finden. Alles wurde wieder aufgewühlt und nicht wenige zweifelten, ob es wirklich der richtige Weg sei, sich dauernd mit den schrecklichen Geschehnissen zu beschäftigen.

Mit der Zeit wuchs jedoch das Zusammengehörigkeitsgefühl in den Gruppen, man scheute sich nicht, immer und immer wieder vom Unglück zu erzählen, traute sich auch an intimere Gedanken und Gefühle heran und merkte, wie es ganz langsam leichter wurde, darüber zu reden. Das gegenseitige Verständnis füreinander in der Gruppe wurde im Gegensatz zu den Alltagserfahrungen in der Gemeinde als außerordentlich hilfreich und heilsam erlebt.

Schließlich spürten die Gruppenteilnehmer, daß sie in dem Maß, wie sie es schafften, ihren Gefühlen in der Gruppe Ausdruck zu geben, seltener und weniger intensiv von der Erinnerung »überfallen« wurden. Sie waren nicht mehr länger der Erinnerung und dem Wieder-Erleben machtlos ausgeliefert, sondern konnten mehr und mehr frei entscheiden, ob sie sich bewußt erinnern wollten, oder ob sie das Geschehene eine Zeitlang beiseite stellen konnten, weil andere nötige Aufgaben zu bewältigen waren.

Mit der Etablierung der Gruppenarbeit war ein wesentliches Ziel der Arbeit in Borken schon erreicht, nämlich, daß die Betroffenen aus ihrer Isolation herauskamen, um miteinander zu reden, und auf diese Weise den Versuch unternahmen, den Verlust eines geliebten Menschen zu verstehen und langsam eine neue Lebensplanung in Angriff zu nehmen.

ENDE 1988
Die Struktur der Gruppen festigt sich

Als erstes nimmt der Psychologe der Stolzenbachhilfe mit der Gruppe der Verletzten eine regelmäßige Arbeit auf. Ort ist das Haus der Werksfürsorge. Es folgt die Gruppe der sechs Geretteten. Bei allen sitzt der Verlust der vielen Arbeitskollegen und das selbst erlebte Trauma sehr tief.

Ende 1988 haben sich insgesamt sieben Gruppen herausgebildet. Alle treffen sich von nun an regelmäßig unter Leitung des Psychologen. Bemerkenswert ist, daß außer den Gruppen der Verletzten, der Grubenwehrangehörigen und der Betriebsangehörigen alle Gruppen über die folgenden drei Jahre fast unverändert bestehen bleiben. Sie bieten offensichtlich von Anfang an dem einzelnen ein hohes Maß an Intimität und Geborgenheit.

Alle vom Borkener Grubenunglück betroffenen Familien erreicht die Arbeitsgruppe Stolzenbachhilfe durch die regelmäßigen Besuche der Werksfürsorgerinnen zumindest mit einer Basisversorgung. Rund zwei Drittel der erwachsenen Betroffenen entschließen sich zusätzlich zur Arbeit in den verschiedenen therapeutischen Gruppen. Weitere nehmen das Angebot von Einzelgesprächen an. Einige wenige Personen, insbesondere aus dem Kreis der externen Katastrophenhelfer der ersten Tage, fallen allerdings, wie sich viel später erst zeigt, völlig durch das Netz. Erklärlich ist dies nicht zuletzt aus dem Umstand, daß die Hilfe sich konzentrieren muß. Wer nicht am Ort ist, gerät aus dem Blickfeld – und die Kapazität der psychotherapeutisch geschulten Helfer ist begrenzt.

Stand der Gruppenbildung Ende 1988:
Gruppe jüngerer Witwen
Gruppe älterer Witwen
Gruppe von Müttern und Vätern
Gruppe der Verletzten
Gruppe der Geretteten

WEIHNACHTEN 1988
Das erste Familienfest danach

Mit dem Jahresende kommt auch das Weihnachtsfest immer näher, das Familienfest schlechthin. Die Betreuer der Arbeitsgruppe befürchten dadurch kritische Situationen. Das erste Weihnachtsfest danach läßt den Verlust für die betroffenen Familien besonders schmerzlich spürbar werden.

Aus Angst vor dem Fest verreisen einige Familien. Die Pfarrer der Gemeinde verstärken ihre seelsorgerischen Bemühungen. Trauerarbeit machen sie in dieser Zeit immer wieder zum Thema ihrer Predigten und Gebete während der sonntäglichen Gottesdienste. Auch Hausbesuche finden jetzt häufiger statt. Über die Weihnachtsfeiertage und Neujahr wird ein Nottelefon-Dienst eingerichtet. Jederzeit ist so einer der Pfarrer erreichbar.

DEZEMBER 1988
Fernsehauftritt

Vom ZDF kommt im Dezember eine Einladung an die sechs Geretteten. Sie sollen in der Sendung »Menschen'88" auftreten. Das Angebot wird in der Gruppe lange und kontrovers diskutiert. Die negativen Erfahrungen mit den Medien in den Tagen nach der Katastrophe sind allen noch sehr gegenwärtig.
Es gilt, abzuwägen. Einerseits kann ein Auftritt in der Öffentlichkeit wieder verstärkte Belästigungen nach sich ziehen. Andererseits glauben die Geretteten, durch ihr Beispiel anderen Menschen, die von Katastrophen betroffen sind, Mut machen zu können, Mut dazu, sich nicht zurückzuziehen und zu isolieren. Der Psychologe der Stolzenbachhilfe rät zu dem Schritt nach außen und bietet dabei seine Begleitung an. Das gibt den Ausschlag. Die Gruppe entscheidet sich schließlich für die Öffentlichkeit.
Die gemeinsame Fahrt wird zu einem intensiven Gruppenerlebnis und bringt alle enger zusammen. Mit der von Günter Jauch moderierten Sendung gelingt es, von der Flugzeugkatastrophe in Ramstein Betroffene anzusprechen, die noch keinerlei Hilfe erfahren haben und nicht wissen, an wen sie sich wenden sollen. Die Nummer der Telefonseelsorge in Kaiserslautern wird in die laufende Sendung eingeblendet. Hier laufen die Hilfsangebote für die Ramstein-Opfer zusammen. Das Honorar für den Fernsehauftritt spendet die Gruppe einer Frau, deren Mann in Ramstein getötet und deren Kind schwer verletzt wurde.

JANUAR 1989
Eine Gedenkfeier zum Jahrestag

Am 1. Juni 1989, ein Jahr nach dem Unglück, soll eine Gedenkfeier stattfinden. Die Vorbereitungen beginnen jetzt. Es kommt zu einer engen Zusammenarbeit zwischen den christlichen Geistlichen und dem Hodscha (Geistlichen) der islamischen Gemeinde.

Februar 1989
Die Gruppenarbeit ist fest etabliert

Die Arbeit in den mittlerweile neun psychologisch geleiteten Gruppen hat sich eingespielt. Neu hinzugekommen sind eine Kindergruppe und eine Gruppe für türkische Witwen, die sich vierteljährlich mit der türkischen Projektsupervisorin treffen. Eine kontinuierliche therapeutische Arbeit wird für diese Gruppe allerdings erst im Herbst 1989 mit der festen Einstellung einer türkischen Psychologin möglich werden.

Zentrales Thema in den meisten Gruppen: Der kommende 1. Juni 1989, der Jahrestag des Unglücks. Für die türkischen Witwen scheint der bevorstehende Gedenktag keine so zentrale Rolle zu spielen. Sie sind stärker als die deutschen Witwen mit ganz realen Problemen der Alltagsbewältigung beschäftigt. Viele Gruppenmitglieder empfinden aber das Datum 1. Juni wie einen »Klotz«, der über ihnen hängt. Die Therapeuten setzen darauf, daß mit einer Gedenkfeier am 1. Juni, also dem bewußten Erleben dieses Tages, die Arbeit mit vielen der Betroffenen eine neue Stufe erreichen kann.

Mit der Gruppe der Verletzten erfolgt aus therapeutischen Gründen eine Begehung des Stolzenbach-Geländes, die auf Videoband dokumentiert wird.

März 1989
Die Fallbesprechungsgruppe nimmt ihre Arbeit auf

Aus dem großen Kreis der Mitglieder der Stolzenbachhilfe bildet sich eine kleine Unter-Gruppe, die in regelmäßigen Treffen spezielle Probleme von einzelnen Betroffenen bespricht und direkte Hilfestellungen erarbeitet. Von März 1989 an bis Dezember 1991 finden die Treffen dieser sogenannten Fallbesprechungsgruppe regelmäßig alle 14 Tage statt. Die Fallbesprechungsgruppe entwickelt sich auch zur Koordinierungsstelle für die Aktivitäten der Arbeitsgruppe Stolzenbachhilfe. Hier werden beispielsweise die Tagesordnungen für die 4-wöchentlichen Treffen der Gesamtgruppe vorbereitet oder Ideen entwickelt für die jährlichen Gedenkfeiern.

Gruppen: Ausgangssituation und Grundproblematik

Witwen-Gruppe I
Gruppe jüngerer deutscher Witwen mit Kindern, die noch zu
Hause wohnen. Zur Gruppe gehört eine türkische Witwe. Ausgangspunkt für die Gruppenarbeit waren die Probleme, die sich
durch den Tod des Vaters in der Erziehung ergaben; Auffälligkeiten
der Kinder standen zunächst im Vordergrund.

Witwen-Gruppe II
Gruppe älterer Witwen mit Kindern, die schon außer Haus sind.
Ausgangspunkt war in dieser Gruppe zunächst das unfaßbare
Verlassen-Sein vom Partner. Zum Teil hatte die Pensionierung der
Männer kurz bevor gestanden (wenige Wochen oder sogar Tage).
Der Verlust des Partners kam in eine Phase, in der die Frauen sich
gerade auf ein intensiveres Zusammenleben mit mehr Zeit fürein-
ander vorbereiteten.

Mütter-Väter-Gruppe
In dieser Gruppe sollten die Mütter und Väter angesprochen werden, die bei dem Unglück ihren Sohn verloren hatten. Dabei war
insbesondere an Eltern gedacht, deren Sohn noch nicht verheiratet
war und zu Hause wohnte. Hier häuften sich besonders tragische
Fälle:

– ein Sohn hatte gerade vor wenigen Tagen erst geheiratet
– ein Sohn war einziges Kind einer alleinstehenden Mutter
– ein Verunglückter war ein Abiturient, der zwischen Schule und
  Studium etwas Geld verdienen wollte und am Unglückstag
  zum ersten Mal eingefahren war.

Auch der Bruder eines Verunglückten wurde in dieser Gruppe
betreut.

Kinder-Gruppen I, II und III
Zu Beginn wurden die Kinder nur indirekt, über die Mütter, in die
Betreuung eingebunden. Auffälligkeiten zeigten sich zunächst noch
nicht. Die Mütter wurden sensibilisiert für Anzeichen von Trauer
bei den Kindern und darauf vorbereitet, daß Entwicklungsschwie-
rigkeiten zu erwarten seien.
    In den später angebotenen Kindergruppen konnten die Kinder
in Form von Spielen, Zeichnen, Rollenspielen und ähnlichem ihren
Gefühlen nach dem Verlust des Vaters, ihrer Trauer und auch ihren
Aggressionen Ausdruck geben. Auch viele Fragen über das Unglück
konnten die Kinder in diesen Gruppen klären; viele scheuten sich,

mit den Müttern darüber zu reden. Ein großes Informationsbedürfnis bestand bei den Kindern, was den Arbeitsplatz des Vaters anging. Hier konnte der Bergwerksdirektor mit Dias und Informationen helfen.

Mit wachsendem Abstand zum Unglück wurde es für die Kinder immer wichtiger, eine männliche Bezugsperson »zum Anfassen« zu haben, mit der sie auch ganz alltägliche Dinge tun konnten, wie über die Schule sprechen oder Fußball spielen. Besonders wichtig bei den beiden gemischt deutsch-türkischen Kindergruppen war, daß das Psychologenteam aus einem deutschen Psychologen und einer türkischen Psychologin bestand.

Verletzten-Gruppe
Bei dem Unglück wurden acht über Tage arbeitende Betriebsangehörige verletzt. Nachdem die körperlichen Schäden geheilt waren, sollten in dieser Gruppe die psychischen Folgen angegangen werden. Die Katastrophe war von den acht Verletzten aus nächster Nähe miterlebt worden: Sie waren selbst direkt betroffen durch Verbrennungen und andere Verletzungen, zum Teil noch zusätzlich durch den Tod der Söhne. Dementsprechend zeigten sie alle deutliche Anzeichen von PTSD.

Geretteten-Gruppe
Sechs Bergleute waren bei dem Unglück lebendig unter Tage eingeschlossen und erst nach 65 Stunden gerettet worden. Nach ihrer Rettung standen sie im Mittelpunkt des öffentlichen Interesses. In der Gruppe sollte ihnen nun die Möglichkeit gegeben werden, unter sich und abgeschirmt von der Neugier der Presse die traumatischen Erlebnisse zu verarbeiten.

Helfer/Grubenwehr-Gruppen
Die bei dem Grubenunglück eingesetzten Rettungs- und Bergungsmannschaften hatten äußerst schwierige Einsätze durchzuführen, zum Teil unter lebensgefährlichen Bedingungen. Die psychische Belastung war immens.

Bei einem allgemeinen Treffen am 27. Januar 1989 in der Borkener Schule, zu dem alle Grubenwehren sowie die Helfer eingeladen waren, die bei der Umbettung der Toten geholfen hatten, wurde deutlich: Viele hatten die schrecklichen Erlebnisse noch nicht verarbeitet. Sie litten unter Ängsten, Depressionen, Schlaflosigkeit, innerer Unruhe.

Ein sehr erfahrener Feuerwehrmann drückte das so aus: »Ich habe in den letzten 30 Jahren als Feuerwehrmann viele schlimme Sachen gesehen, aber seit ich im Juni in Stolzenbach war, kann ich

Gruppe	Größe	Häufigkeit
Witwen-gruppe I	10 Frauen; später 3 Ab-, 2 Zugänge	zu Beginn wöchentlich, später 14-tägig, dann monatlich
Witwen-gruppe II	8 Frauen; später vier Ab-, 1 Zugang	zu Beginn 14-tägig, später 3-wöchig
Mütter/Väter	7 Personen; 2 wechselten in eine andere Gruppe	anfangs 14-tägig, später 3-wöchig
Kinder I,II,III	stark wechselnd; insgesamt wurden 32 Kinder betreut	wöchentlich bis 14-tägig
Verletzte	8 Personen (5 Ver-letzte, 3 Ehefrauen); keine Wechsel	anfangs wöchentlich, später 14-tägig, dann monatl. bis 6-wöchig
Gerettete	zu Beginn alle 6; 1 Umzug in die Türkei; 1 Zugang (Gruben-wehrmann)	zunächst wöchentlich, später 14-tägig, dann monatl. bis 6-wöchig
Helfer/ Grubenwehr	Gruppe a) 7 Pers. Gruppe b) 6 Pers.	14-tägig
Betriebs-angehörige	7 Personen	anfangs 14-tägig, später monatlich

Dauer	Hauptthemen zu Beginn
12/88 - 4/92	Verlust des Mannes; die eigene Trauer; die Trauer der Kinder; Erziehungsprobleme
1/89 - 4/92	wie Witwen I
1/89 - 4/92	Verlust der Lebensperspektive und des Lebenssinns
4/89 - 6/91 danach Einzelbetreuung	alles, was Kinder interessiert und beschäftigt und immer irgendwie vom Verlust des Vaters mitgeprägt war
12/88 - 12/90 Nachbetreuung in Einzelfällen	Rekonstruktion des Geschehens aus Sicht jedes Betroffenen; Verlust der vielen Freunde und Kollegen; Auswirkungen der eingeschränkten Arbeitsfähigkeit auf körperliches und geistiges Befinden sowie familiäre Situation
12/88 - 4/92; Nachbetreuung bis 12/91	das Trauma des Eingeschlossenseins; Verlust der Freunde und Kollegen; keine Freude, eher Schuldgefühle wegen des eigenen Überlebens
1/89 - 11/89	die schrecklichen Bilder der ersten Stunde unter Tage; das Leid der Angehörigen; der Einsatz des eigenen Lebens; die eigene Trauer
1/89 - 10/89	Verarbeitung besonders traumatischer Erlebnisse (z.B. Identifizierung der Toten); die Frage, ob man das Unglück hätte verhindern können; die eigene Trauer

nachts nicht mehr schlafen«. Im Sinne eines »debriefing« konnten
an diesem ersten Abend alle das, was sie am meisten belastete, in
der Gruppe loswerden. Es entstanden schließlich zwei Gruppen
von Personen, die besonders belastet waren. Als Einheimische
hatten sie fast alle Toten persönlich gekannt:

a) die Gruppe der Helfer, die die Toten in der Turnhalle umge-
    bettet hatten.
b) Grubenwehrleute aus Borken.

Beide Gruppen hatten die Aufgabe, das Geschehene im Gruppen-
rahmen nachzubesprechen, die dadurch entstandenen Gefühle
aufzuarbeiten und körperliche Reaktionen verstehbar zu machen,
mit dem Ziel, die traumatischen Erlebnisse nicht zu verdrängen,
sondern mit der Erinnerung leben zu lernen.

Gruppe von Betriebsangehörigen
Eine Reihe von Betriebsangehörigen, die in besonderen Verantwor-
tungspositionen standen, hatte das Unglück sowie die Rettungs-
und Bergungsarbeiten aus nächster Nähe miterlebt. Ihre psychische Belastung war sehr stark. Ihnen wurde die gemeinsame Arbeit
in einer Gruppe angeboten, um das Erlebte zusammen mit anderen
aufarbeiten zu können.

MÄRZ 1989
Stationäre Behandlungen gegen PTSD

Vom 8. März an befinden sich drei der acht Verletzten zu einer
stationären Heilbehandlung in der Klinik für Rehabilitation in
Glottertal/Freiburg, einer Klinik für Innere Medizin und Psychosomatik. Die Verletzten leiden unter Beschwerden im Sinne
eines Posttraumatischen Stress-Syndroms (PTSD): Atem- und
Luftnot, Herzstechen und Herzjagen, Schwitzen, Muskel-
verspannungen, Kopfschmerz, Schlaflosigkeit verbunden mit
Alpträumen, Konzentrationsschwierigkeiten, Schreckhaftigkeit,
Reizbarkeit wechselnd mit Zuständen von Apathie. Zusätzlich
machen sich alte Beschwerden und Störungen wieder bemerk-
bar, die sich individuell im Leben des einzelnen entwickelt
haben, aber vor dem Grubenunglück abgeklungen oder zum
Stillstand gekommen waren.

   Die Gruppenarbeit, die Behandlung durch die Hausärzte
und die Mitbehandlung durch hinzugezogene Fachärzte ha-

ben die Beschwerden nicht ausreichend auffangen können. Es droht eine Chronifizierung des Beschwerdebildes zu einem festen, lebensbegleitenden Krankheitsbild einschließlich schwer oder nicht zu beeinflussender Medikamentenabhängigkeit. Eine stationäre Behandlung erscheint daher jetzt angezeigt. Hiermit werden drei Zielsetzungen verfolgt:

- der Betroffene wird aus seinem Umfeld herausgenommen,
- der Betroffene wird zum Patienten, übernimmt also den vollen Patientenstatus
- eine fachärztliche Behandlung mit den somatisch und psychotherapeutisch fundierten Möglichkeiten moderner Traumatologie wird möglich.

PTSD

Kurz nach einer Katastrophe zeigen die von ihr unmittelbar Betroffenen heftigste Angstreaktionen, Gefühle der Taubheit und der Erstarrung. Diese Empfindungen sind in der Regel mit Körperreaktionen gekoppelt, die verschiedensten somatischen (körperlichen) Erkrankungen gleichen können. Medizinisch Unerfahrene, oft selbst Ärzte, diagnostizieren dann körperliche Erkrankungen wie: koronare Herzkrankheit, Herzrhythmus-Störungen, Lungenembolie oder Hyperthyreose. Man spricht geradezu von einem »Katastrophensyndrom«, der Posttraumatischen Belastungsstörung, nach ihrer englischen Bezeichnung (Post Traumatic Stress Disorder) kurz PTSD genannt. Es befällt, je nach Art der Katastrophe und je nachdem, wie der einzelne ihr ausgesetzt war, 25 bis 75 Prozent aller unmittelbar Betroffenen.

Etwa 10 Wochen nach dem Ereignis kommt es zu einer allmählichen Rückbildung. Doch im gesamten ersten Jahr »danach« leiden zwischen 30 und 40 Prozent der unmittelbar Betroffenen unter teilweise erheblichen psychischen Beschwerden. Bei sogenannten »man made« (also von Menschen verursachten) Katastrophen mit großer Zerstörung und anfänglich heftigen Reaktionen der Opfer, finden sich derartige Reaktionen bei fast jedem Dritten über lange Zeit, möglicherweise lebenslang. Es gibt Hinweise darauf, daß nicht nur körperliche Krankheiten bei dieser Gruppe vermehrt auftreten, sondern auch Sterblichkeit und Selbstmordrate erhöht sind. Das Problem von Fehldiagnosen, einschließlich des Nicht-Erkennens von PTSD, wird hierdurch noch verschärft.

In der Medizin werden vier hauptsächliche Störungsverläufe

mit Krankheitscharakter beobachtet, die einer Therapie bedürfen
(in Klammern stehen jeweils die Nummern des Internationalen
Krankheitsschlüssels, des ICD-10):

1. die Posttraumatische Belastungsstörung, PTSD (F 43.1)
2. die akute Belastungsreaktion (F 43.0)
3. Anpassungsstörungen (F 43.2)
4. andauernde Persönlichkeitsveränderungen nach extremen
   Belastungen (F 62.0)

Die häufigste und bekannteste Störung ist das PTSD (siehe dazu
auch Seite 186). Es kann schwerste Auswirkungen gesundheitli-
cher, familiärer, beruflicher und allgemein sozialer Art haben.

Gewöhnlich tritt das PTSD innerhalb der ersten sechs Monate
auf. Deutlich späteres Auftreten ist aber nicht ungewöhnlich. Solche Fälle waren auch bei der Arbeit mit den Betroffenen in Borken
festzustellen. Über eine solche Situation spricht der Grubenwehr-
angehörige Henschel im Film von Katrin Seybold (dazu die wörtli-
che Mitschrift auf Seite 163). In bestimmten Fällen kann sogar
stationäre Behandlung angezeigt sein (siehe dazu Seite 64, »Stationäre Behandlung gegen PTSD«).

Akute Belastungsreaktionen entsprechen den PTSD-Reaktio-
nen kurz nach einer Katastrophe. Anpassungsstörungen haben die
Folge, daß sich der Betroffene nicht oder nur noch schwer in der
Lage sieht, alltägliche Aufgaben zu meistern. Andere werden ge-
mieden, man zieht sich zurück. Körperliche Reaktionen können
damit verbunden sein und treten auch bei Kindern auf (Fallbeispie-
le: Seite 80, »Heftige körperliche Reaktionen« und Seite 165f, der
Sohn eines Opfers aus der Mitschrift zu Katrin Seybolds Film).

Andauernde Persönlichkeitsveränderungen treten in der Regel
dann auf, wenn das PTSD oder eine verwandte Störung lange
angehalten haben, ohne daß Hilfe angeboten wurde. Im Film von
Katrin Seybold zeigen Opfer des Tankwagenunglücks von Herborn
oder der Flugzeugkatastrophe von Ramstein besipielhaft solche
Züge.

APRIL 1989
Deutsch-türkischer Frauenabend

Schon vor dem Grubenunglück hatte der evangelische Frauenkreis türkische Frauen zu einem Begegnungsabend eingeladen. Unter dem Eindruck der gemeinsamen Trauer werden
diese Abende seither in Zusammenarbeit mit einer türkischen

Lehrerin ein bis zwei Mal im Jahr angeboten. Dabei sind nicht nur Frauen eingeladen, die einen Mann oder Vater verloren haben. Die Zusammenkünfte richten sich allgemein an deutsche und türkische Frauen. Das Programm ist so ausgerichtet, daß über gemeinsames Kochen, Essen, Basteln, Tanzen und Singen die Sprachschwierigkeiten möglichst überbrückt werden. Bei der Verständigung hilft sehr, daß auch jüngere türkische Frauen teilnehmen, die zum Teil sehr gut Deutsch sprechen.

Türkische Familien

In andere Länder ausgewanderte Familien unterscheiden sich von der üblichen Familie ihres Heimat- oder Gastlandes in Form, Struktur und Einstellungen. Die türkischen Gastarbeiterfamilien in der Bundesrepublik machen hier keine Ausnahme. Allerdings passen sie nicht genau in die Kategorie der ›klassischen‹ Emigranten. Sie kamen ursprünglich als vorübergehende Arbeitskräfte nach Deutschland, mit dem Ziel, nach einigen Jahren wirtschaftlich deutlich besser gestellt in die Heimat zurückzukehren.

Dieses Vorhaben wurde niemals ganz aufgegeben, obwohl der Aufenthalt vieler türkischer Gastarbeiter in Deutschland sich aus verschiedenen Gründen immer wieder verlängerte. Neben dem unterschiedlichen kulturellen und religiösen Hintergrund war dies die Hauptursache dafür, daß sich die Integration in die deutsche Gesellschaft verzögerte und letztlich unvollkommen blieb. Die türkischen Familien lebten zwar im geschlossenen Kreis eigener Landsleute, aber die Beziehungen untereinander, also zu anderen Familien, blieben meist oberflächlich, stets mit einer gewissen Zurückhaltung verbunden. Die langen Trennungsjahre schwächten auch die Beziehungen zu heimatlichen Kreisen. In ihrem Leben in der Fremde waren die Gastarbeiterfamilien nun nur auf sich selbst angewiesen. Aus diesem Grunde neigten vor allem die Älteren dazu, an den eigenen Familienmitgliedern festzuhalten.

Der Form nach handelt es sich bei den türkischen Familien in Deutschland um Kernfamilien. Innerlich herrscht jedoch die Mentalität der traditionellen Großfamilienmodelle mit entsprechenden Rollenbeziehungen und -verteilungen unter den Familienmitgliedern. Die Gastarbeiter stammen vorwiegend aus den traditionsgebundenen ländlichen Bevölkerungsschichten und wurden ohne entsprechende soziokulturelle Vorbereitung mit einem neuen und für sie sehr fremden Lebensstil konfrontiert. Das Einhalten der familiären Rollenbeziehungen war für sie daher besonders wichtig und hatte gleichzeitig eine Schutzfunktion gegenüber der oft als existenz- und, mehr noch, identitätsgefährdend empfundenen Außenwelt.

Mit dem Grubenunglück von Borken, mit dem Verlust jener Personen, die eine leitende und gleichzeitig schützende Rolle in der Familie haben, brach diese sowieso nur mit Mühe aufrecht gehaltene Familienstruktur zusammen. Die Auswirkungen eines solchen Geschehens auf die Familie waren vielfältig.

Alle Gastarbeiterfamilien haben ein Ziel, das sie durch gemeinsamen Eifer und Arbeit zu erreichen hoffen. Mit dem Ausfall des Vaters oder der anderen in diesem Vorhaben aktiv beteiligten Mitglieder wurden nun einerseits die Zukunftspläne zerstört, andererseits entstanden in den Familien und in den Beziehungen zwischen Familien und sozialem Umfeld Probleme, auf deren Bewältigung die Witwen, als alleinstehende Frauen, in keiner Weise vorbereitet waren. In den traditionsgebundenen Schichten der türkischen Gesellschaft steht die alleinstehende Frau, insbesondere eine Witwe, unter kritischer Beobachtung und moralischem Druck der sozialen Umgebung. Diese Einstellung hat sich auch im Ausland nicht geändert. Eine Witwe muß sich sehr vorsichtig verhalten, um nicht in einen schlechten Ruf zu geraten.

Selbst wenn die Frau vor dem Unglück in der Familie vieles bestimmen konnte und in der Erziehung der Kinder wirksam war, konnte sie jetzt, ohne die Stütze des Vaters, in der Erziehung der Kinder auf ganz neue Schwierigkeiten stoßen. Dazu gehörten mögliche Konflikte mit den älteren Söhnen, die sich nun als Familienoberhaupt sahen und die Angelegenheiten der Familie nach ihrem Willen bestimmen wollten. Auch mit den Mädchen konnten Probleme entstehen, vor allem, was Diszipin und moralisches Verhalten (nach traditionellem Verständnis) anging.

Abgesehen von den Problemen innerhalb der Familie kamen auf die Witwen Einflußversuche von verschiedenster Seite zu. Angehörige, Verwandte, Bekannte und soziale Einrichtungen näherten sich mit Ratschlägen, Hilfsangeboten, Hinweisen und Anforderungen. In ihren grundlegend veränderten Lebensumständen, in denen die Witwen einerseits zwar finanziell abgesichert, andererseits aber ohne den Halt eines Ehemannes mit der Verantwortung für die Familie und deren Zukunft allein dastanden, war dies alles sehr verwirrend. Es fiel schwer zu entscheiden, welche der vielen Ratschläge zu befolgen waren.

Im Falle eines vergleichbaren Unglücks in der Heimat wäre der Schmerz des Verlustes selbstverständlich nicht geringer gewesen.

Aber umgeben von den nächsten vertrauten Verwandten hätten die Witwen sicherlich viele der Probleme nicht gehabt, selbst wenn die finanziellen Sorgen mit Wahrscheinlichkeit größer gewesen wären. Im Vergleich zu einer alleinstehenden Frau im Ausland ist die Witwe in der Heimat von Verwandten und Bekannten moralisch besser geschützt. Dort herrschen für jede Lebenssituation vorbestimmte soziale Regeln und Verhaltensweisen, nach denen sich jeder zu richten hat. Der soziale Kreis ist breiter angelegt, es gibt eine größere Zahl von Bezugspersonen, die sich in der Zukunftsplanung und der Regelung verschiedener Angelegenheiten der hinterbliebenen Familie engagieren und dabei einander gegenseitig kontrollieren, um die Familie vor unvorhergesehenem Schaden zu schützen.

Einer der vielen Gründe, warum die betroffenen türkischen Familien nicht gleich nach dem Unglück in die Heimat zurückkehrten, lag darin, daß es für die Frauen und die in Deutschland aufgewachsenen Kinder nicht leicht ist, sich der alten traditionellen Lebensart der heimatlichen Kreise anzupassen. Abgesehen davon hatten sie dort nach den langen Jahren der Abwesenheit keinen breiten Bekanntenkreis mehr, und die Beziehungen zu den noch vorhandenen Bekannten und Verwandten waren distanziert und von gegenseitigen Vorbehalten bestimmt.

MAI 1989

Begleitforschung – Belastung oder Notwendigkeit?

Wieweit kann, soll, darf die Tätigkeit der Stolzenbachhilfe zum Gegenstand begleitender Forschung werden? Das Thema beeinflußt die Arbeit in Borken fast von Anfang an, wird aber jetzt zum ersten Mal aus konkretem Anlaß ausführlich diskutiert. Ohne vorausgehende Information der Arbeitsgruppe oder der Betroffenen veranlaßt der Psychosomatiker der Arbeitsgruppe vier Doktoranden aus Marburg dazu, eine Fragebogenaktion durchzuführen, in der zunächst die Gruppe der Verletzten angeschrieben wird.

Die Aktion löst erheblichen Unmut bei den Adressaten und bei den Mitgliedern der Arbeitsgruppe Stolzenbachhilfe aus. Häufig bekommen die Helfer von den Angeschriebenen zu hören, man wolle nicht durch Fragen an das Unglück erinnert

werden. Dahinter steckt die Angst, erneut verunsichernden
oder gar zerstörerischen Kräften ausgesetzt zu werden, die
man extrem während der Katastrophe erlebt hat.

Auch die drei Personen aus der Verletzten-Gruppe, die im
Glottertal stationär behandelt werden, erhalten solche Fragebögen. Ein Psychologe der Marburger Abteilung für Psychoso-
matik reist extra an, um vor Ort zusammen mit den Betroffenen
die Fragebögen auszufüllen. Die Behandlung erlebt dadurch
eine empfindliche Störung. Die Aktion wird durch Intervention
der Arbeitsgruppen-Mitglieder genauso schnell beendet, wie
sie begonnen hat. Danach steht für viele fest, daß Begleitforschung grundsätzlich zu erheblichen Belastungen für die
gesamte Projektarbeit führt.

Diese Einschätzung, so zeigt sich, hat mehrere Ursachen.
Einer der Hauptfaktoren ist im konkreten Fall die fehlende
Einbindung der Arbeitsgruppe, die sich vom plötzlichen Start
der Evaluationsarbeit überrumpelt fühlt. Gleichzeitig besteht
aber von Beginn an schon für die meisten Mitglieder der Arbeitsgruppe eine deutliche Trennung zwischen psychosozialen Hilfsangeboten und wissenschaftlichen Fragestellungen.
Das schlägt sich auch bei der Formulierung des Hilfsprogramms
nieder. Dort heißt es:

»In der ›Arbeitsgruppe Stolzenbach-Hilfe‹ wurde die Förderung der
wissenschaftlichen Begleitarbeit kontrovers diskutiert. Es bestanden
große Befürchtungen, die Interessen der Betroffenen würden übergangen, Wissenschaft werde zum Selbstzweck. In dem Maße, wie
Umrisse eines konkreten Hilfsangebotes entstanden, wurde gesehen,
daß eine verläßliche Dokumentation von unschätzbarem Wert sein
kann (...) Die Mitglieder ... befürworteten schließlich eine wissenschaftliche Begleitarbeit.«

In der Folgezeit wird in der Arbeitsgruppe der gesamte For-
schungsplan eingehend diskutiert. Die vier beteiligten Studenten und der für die Begleitforschung verantwortliche Marburger Diplom-Psychologe stellen sich vor. Es entsteht Einigkeit
darüber, daß während der Durchführung von Maßnahmen der
Begleitforschung alle Beteiligten ständig einzubeziehen und
zu informieren sind.

Schließlich kann die wissenschaftliche Arbeit aufgenommen werden. 42 Personen beteiligen sich im ersten Durchlauf,
25 bei einer Zweitbefragung. Verwertet werden können die

Antworten von 34 Personen, darunter 20 unmittelbar Betroffene, 10 Langzeit- und 4 Akut-Helfer.

Der erste Durchgang besteht in einem halbstrukturierten Gespräch, um die persönlichen Erfahrungen der Betroffenen in deren eigenen Worten aufzuzeichnen. Es schließt sich ein ausführliches Interview an, um – nach internationalem Standard – feststellen zu können, ob ein PTSD vorliegt.

Die wichtigsten Ergebnisse: Im ersten Durchgang wird bei 11 von 34 Personen ein PTSD festgestellt. Zu den 11 Personen gehören 3 Akut- und 1 Langzeit-Helfer. Es zeigt sich, daß die Gefahr, PTSD zu entwickeln, umso geringer ist, je besser die Kontrollmechanismen der einzelnen entwickelt sind. Während die Helfer aktiv soziale Unterstützung suchen, tun dies die unmittelbar Betroffenen häufig nicht. Die Begeitforscher schließen daraus, daß das aktive Zugehen auf andere im Katastrophenfall sehr wichtig ist. Aus den Untersuchungen lassen sich auch Indikatoren dafür ableiten, wie in Zukunft besonders stark Betroffene leichter identifiziert werden können.

Vier Thesen zur Begleitforschung:

1. Für eine Begleitevaluation und Qualitätssicherung ist wissenschaftlich fundierte Forschung hilfreich, um Aussagen über wirksame Maßnahmen zu treffen.

2. Alle Forschung sollte im Sinne eines sogenannten »Wir-Projektes« laufen, das heißt Helfer und nach Möglichkeit Betroffene sollten nicht nur über die Art der Forschung informiert, sondern auch dazu motiviert werden, die Forschungsergebnisse als Korrektiv ihres Handelns zu betrachten.

3. Psychologische Feldforschung muß mit den Ängsten von Befragten und Befragern rechnen.

4. Forschung im Katastrophenfall hilft, bei der nächsten Katastrophe gezielter helfen zu können.

MAI 1989
Die Arbeit mit türkischen Jugendlichen beginnt

Die zehnte Gruppe entsteht. Türkische Jugendliche fahren in Begleitung der türkischen Werksfürsorgerin gemeinsam in die Stadthalle nach Kassel, um sich dort die Vorstellung einer türkischen Theatergruppe anzusehen. Sie werden von ihren Müttern begleitet. Insgesamt nehmen 37 Personen an der Fahrt teil.

Danach findet am 26. Mai ein erstes Treffen türkischer Jugendlicher zwischen 14 und 25 Jahren im Informationszentrum des Kraftwerkes Borken statt. Es ist Auftakt zu einer Vielzahl weiterer Treffen und Veranstaltungen, Diskussionen, Gruppenarbeiten und Fahrten, an denen im Schnitt zehn Personen teilnehmen. Die Zielrichtung dieser Aktivitäten geht über die Hilfe zur Bewältigung der Unglücksfolgen hinaus. Den jungen Türken, insbesondere den Mädchen, soll so eine bessere soziale Eingliederung ermöglicht werden.

JUNI 1989
Zwischenbilanz der Betreuung nach einem Jahr

Im Dezember 1988 begann die psychologisch geleitete Gruppenarbeit. Insgesamt haben sich bis zum Ende des ersten Jahres nach dem Unglück zehn Gruppen etabliert, die regelmäßig zusammenkommen. Die Entwicklung der Arbeit in den Gruppen ist zunächst dadurch gekennzeichnet, daß sich die Teilnehmer gegenseitig als tief trauernde, deprimierte, zusammengebrochene Menschen erleben. Viele meinen, das Leid nicht ertragen zu können.

Aus tiefster Verzweifelung kommen zunächst immer wieder Fragen: Warum hat Gott – oder eine übergeordnete Macht – zugelassen, daß so etwas geschieht? Wem kann man die Schuld am Unglück geben? Nach und nach werden über das eigene Leid hinaus die anderen, genauso Leidenden, wahrnehmbar. Das Alleinsein, das Allein-Leiden ist damit aufgebrochen. Andere können sogar zum Muster dafür werden, wie man erfolgreich sein Schicksal meistern könnte.

Die Gruppentreffen sind, je nach Gruppe, unterschiedlich

lang. Mindestens dauern sie zwei, höchstens vier Stunden. Die Einzelgespräche mit Erwachsenen oder Kindern sind etwa gleich lang, eine Stunde im Durchschnitt. Die Kontakte mit Institutionen haben sehr unterschiedliche Dauer. Manche dauern eine halbe, andere bis zu drei Stunden.

Die Werksfürsorgerinnen kommen bei ihren ersten Hausbesuchen, direkt nach dem Unglück, nur langsam ins Gespräch mit den Betroffenen. Nach Trauerfeier und Einzelbeerdigungen werden die Hausbesuche intensiviert fortgesetzt. Jetzt werden auch die Fürsorgerinnen mit Fragen nach dem Warum, nach Schuldigen oder wenigstens Verantwortlichen konfrontiert. Ein häufiger Satz ist dabei: »Es ist alles so sinnlos geworden.«

Alle Gespräche münden immer wieder darin, daß über den Verstorbenen gesprochen wird. Er ist das beherrschende Thema aller Hausbesuche im ersten halben Jahr nach dem Unglück. Die unverwirklichten gemeinsamen Pläne, die Angst vor der alleinigen Verantwortung für alle Entscheidungen türmen sich für viele zu einem fast unüberwindlichen Berg. Die inneren Ängste drücken sich häufig psychosomatisch aus, in körperlichem Unwohlsein bis hin zu manifesten Krankheiten.

Die türkischen Frauen sind in den ersten beiden Monaten nach dem Unglück weitgehend in der Türkei, um dort die Trauerfeierlichkeiten für die Verstorbenen auszurichten. Dadurch kommen von ihnen die gleichen Fragestellungen mit zeitlicher Verzögerung noch einmal auf die Werksfürsorgerinnen zu.

Bei den Verletzten drehen sich die Gespräche hauptsächlich um die eigene Person: Wie sie selbst den Unglückstag erlebt haben, was ihnen zu schaffen macht und was das Erlebte für die Familie bedeutet. Die Geretteten stehen noch lange Zeit ganz unter dem Eindruck ihres Eingeschlossenseins. An sie ist nur schwer heranzukommen. Nur ganz allmählich äußern sie sich über ihre Gefühle, berichten sie über Gedanken, Hoffnungen und Ängste.

Statistik der Betreuungsarbeit vom 1.6.1988 – 31.5.1989

Anzahl der Gruppentreffen	56
Anzahl der Einzelgespräche	
mit Erwachsenen	58
mit Kindern	28
Kontakte mit Institutionen	26
Hausbesuche der Werksfürsorge	
Zahl der Betreuten	74
Zahl der Hausbesuche	335

Werksfürsorge

Eine Einrichtung besonderer Art ist die Werksfürsorge der PreussenElektra für Kraftwerk und Bergbau in Borken. Die Werksfürsorge gibt es in Borken seit den 30er Jahren. Ihren Ursprung hatte sie als soziale Einrichtung für Familien von Bergleuten. In der Nachkriegszeit kümmerten sich die Werksfürsorgerinnen in erster Linie um die Kinder, die nach hausärztlicher Verordnung Höhensonne oder medizinische Bäder bekamen. In Bastelstunden wurden kleine Festumzüge vorbereitet und die Kinder mit Kakao versorgt. Die Bedürftigkeit der Witwen wurde überprüft und entsprechende Hilfe in Form von Weihnachts- oder Kohlenbeihilfen beantragt. Die Werksfürsorge begann, Kinder in Erholungsheime zu verschicken und eine Werksbücherei einzurichten, wo Belegschaftsmitglieder und ihre Familien kostenlos Bücher ausleihen konnten.

Im Laufe der Jahre änderten sich die Anforderungen an die Werksfürsorge. Bei längerer Erkrankung eines Betriebsanghörigen fanden Hausbesuche statt, bei der Geburt eines Kindes wurden kleine Aufmerksamkeiten überbracht und in besonders problematischen Familiensituationen – z. B. bei Behinderung eines Familienmitglieds – Wege zur Hilfe gefunden.

Es bestand immer eine enge Zusammenarbeit zwischen Werksfürsorge und Betriebsrat, und als die Verschickungen von Betriebsangehörigen in Ferienwohnungen und zu Vorsorgekuren einen größeren Umfang annahmen, kam die Zusammenarbeit mit dem inzwischen eingerichteten Betriebsärztlichen Dienst hinzu. Auch von Direktionsseite wurden soziale Aufgaben an die Werksfürsorge weitergegeben. Durch die Gastarbeiter änderte sich dann

der Aufgabenbereich noch einmal. Die Belegschaftsmitglieder kamen in die Werksfürsorge, weil sie Hilfe bei Behördengängen oder
dem Ausfüllen von Vordrucken und Formularen brauchten. Die
Werksfürsorge wurde dadurch ein feststehender Begriff und eine
häufig genutzte Anlaufstelle für größere und kleinere Nöte.

Mit dem Grubenunglück am 1. Juni 1988 erweiterte sich das
Aufgabengebiet beträchtlich. Nicht nur die Witwen und Lebensgefährtinnen wurden in die Betreuung aufgenommen, sondern auch
die Eltern der Verstorbenen, die Kinder, die Geretteten und Verletzten. Da die Werksfürsorgerinnen vorher fast nur die Betriebsangehörigen kannten, galt es jetzt, ein Vertrauensverhältnis zu den
Familien aufzubauen. Als hilfreich erwies sich dabei, daß die
Mitarbeiterinnen der Werksfürsorge etwa im gleichen Alter wie die
meisten Witwen waren. Speziell bei den türkischen Familien war
dies eine Tatsache, die es den Witwen erleichterte, Ratschläge
anzunehmen.

Nachdem anfängliches Mißtrauen – auch Werksfürsorgerinnen
sind Vertreter des Unternehmens – abgebaut war, entstanden enge
Bindungen zu den Familien, die eine Hilfe in der Trauerbewältigung und bei anderen anfallenden Problemen möglich machte.
Eine besonders erfreuliche Entwicklung ist, daß nach Bewältigung
der unmittelbaren Folgen des Grubenunglücks die betroffenen
Familien (und nicht nur sie) von allein den Weg in die Werksfürsorge finden.

Das 2. Jahr | *Unruhe*

Gemeinschaft

Erinnerung

1. Freunde, daß der Mandelzweig   wie-der blüht und treibt,
2. Daß das Le--ben nicht verging,   so--viel Blut auch schreit,
4. Freunde, daß der Mandelzweig   sich in Blü----ten wiegt,

ist das nicht ein Fin-ger--zeig,   daß die Liebe bleibt?
ach--tet die---ses nicht gering,   in der trübsten Zeit.
blei--be uns ein Fin-ger--zeig,   wie das Leben siegt.

3. Menschen blieben unter Tag,   lie--ßen uns zu-----rück,

und des Le-bens Blüten- ... weht.

Musikstück (Posaunencho...

Mit der Kollekte am
Ausgang unterstützen w...
die Opfer der Katastr...
in Armenien.

Dank auch im Namen d...
Angehörigen für die
Spenden aus aller We...

G E D E N K F E I E R

Eine christlich – islamische Feier
zum Gedenken an die 51 Bergleute,
die am 1.Juni.1988 durch das
Grubenunglück in Stolzenbach
ihr Leben verloren haben.

Bürgerhaus Borken
Donnerstag, 1. Juni 1989, um 18 Uhr

A N M A   T Ö R E N I

1.Haziran.1988 tarihinde
Stolzenbach maden ocağında
meydana gelen bir kazadan sonra
hayatlarını kaybeden 51 madenciyi
anmak gayesi ile İslam ve Hıristiyan
dinince yapılacak tören.

si
elen
es-

lar
ririz.

1. Juni 1989

Erster Jahrestag – Gedenkfeier als Extrembelastung

Zum Gedenken an die 51 ums Leben gekommenen Bergleute findet eine christlich-islamische Feier statt. 750 Menschen versammeln sich dazu im Bürgerhaus Borken. Zur Gedenkfeier selbst sind die Medien nicht zugelassen, aber ihre Präsenz ist deutlich spürbar. Eine Pressekonferenz hat bereits am Vortag stattgefunden.

Die Gedenkfeier wird von den Betroffenen als extreme Belastungsprobe empfunden. Diese Belastung erreicht ihren Höhepunkt, als die christlichen Geistlichen und der islamische Hodscha die Namen aller Toten verlesen und für jeden eine Kerze entzünden.

In den anschließenden Ansprachen wird die unterschiedliche Weise deutlich, in der Christentum und Islam Trost und Hilfe für die Hinterbliebenen zu geben versuchen.

Der evangelische Pfarrer stellt in seinem Gebet Fragen: »Wir wissen noch immer nicht, wie das passieren konnte, unsere verzweifelten Fragen haben noch keine Antwort. Wo liegt der Sinn, Herr, so fragen wir auch Dich.« Der Hodscha sagt in seiner Ansprache:»Unser Schmerz ist groß, trotzdem sind wir geduldig. (...) Die bei diesem Unglück vestorbenen Moslems sind Märtyrer, weil unser Prophet gesagt hat, die Menschen, die unter der Erde durch Erdsturz verunglückt sind, sollen wie Märtyrer angenommen werden.«

Juni 1989

Wunsch nach Selbstbesinnung

Wachsende Beunruhigung und gleichzeitig der Wunsch nach Normalisierung, nach Ruhe, kennzeichnen nach Wahrnehmung der Helfer die Situation der Betroffenen. Es werden Sätze zitiert wie »Mein Mann ist nicht gestorben, er ist umgekommen«; mit Bezug auf die Predigt zur Gedenkfeier:»Ich dachte nicht, daß Worte so viel ausmachen«; »Er wurde ums Leben gebracht«;»Irgend jemanden braucht man, dem man sagt, daß er schuld hat«;»Wir haben mehr Probleme als vor einem halben Jahr«.

Der dringende Wunsch nach einem Ende des Medieninteresses wird geäußert. Man will sich stärker auf sich selber besinnen. Die weiterhin lebhafte Teilnahme an angebotenen Veranstaltungen und die Reaktionen auf die fortgesetzten Hausbesuche der Werksfürsorgerinnen weisen darauf hin, daß die meisten aktiv weiter an der Bewältigung des Erlebten arbeiten.

JULI 1989
Heftige körperliche Reaktionen

Seelische Spannungen setzen sich erkennbar in körperliche Reaktionen um. Die Betroffenen zeigen in wachsendem Maß heftige Beschwerden bis hin zu Krankheiten: Gallenbeschwerden, Schilddrüsenstörungen, Beschwerden im Sinne des Vollbildes eines Posttraumatischen Streß-Syndroms (PTSD).

Als Hauptursache machen die behandelnden Psychotherapeuten Schwierigkeiten aus, über Gefühle zu sprechen. Beispiel: Ein 6-jähriges Mädchen besucht mit seiner Mutter die Sprechstunde. Das Mädchen, sagt die Mutter, hat seit dem Unglückstag – vor über einem Jahr – nicht mehr geweint. Während der Sprechstunde beginnt das Mädchen, in Gegenwart der Mutter zu weinen. Es gesteht, im letzten Jahr jeden Tag abends geweint zu haben, aber heimlich, um die Mutter nicht noch mehr zu belasten. Mutter wie Tochter reagieren heftig auf diese Situation. Zwei Stunden später können sie wieder unbelastet miteinander sprechen.

Die Therapeuten in der Arbeitsgruppe interessieren sich nun stärker dafür, wie die behandelnden praktischen Ärzte mit den körperlichen Reaktionen auf seelischen Leidensdruck umgehen. Es zeigt sich, daß die niedergelassenen wie die Klinikärzte in der Diagnostik und Therapie psychosomatischer Probleme wenig geübt sind. Kaum werden konfliktlösende oder konfliktorientierte Gespräche geführt. Kooperationsangebote von Mitgliedern der Arbeitsgruppe Stolzenbachhilfe werden nur zögernd angenommen. Generell wird mehr verordnet als gesprochen.

Vereinzelte positive Erfahrungen der Betroffenen mit ihren Hausärzten sind eher Bestätigung der Regel als Gegenbeleg: Manche Hausärzte nehmen sich die Zeit, mit ihren Patienten auch zu sprechen – und können ihnen dadurch physisch und psychisch helfen.

1. SEPTEMBER 1989

Eine türkische Psychologin in der Stolzenbachhilfe

Nach längerer Suche hat die Arbeitsgruppe Stolzenbachhilfe eine türkische Psychologin gefunden, die von nun an 12 Stunden wöchentlich mitarbeitet. Es handelt sich um eine junge Frau, die in der Türkei aufgewachsen ist, aber ihr Studium in Deutschland absolviert hat. Sie ist also mit Lebens- und Denkhaltungen von Deutschen und Türken gut vertraut.

Mit einem psycho- und soziotherapeutischen Ansatz nimmt sie die Arbeit mit den türkischen Betroffenen auf. Hausbesuche stehen am Anfang. Später liegen die Schwerpunkte bei Einzel- und Gruppengesprächen mit Witwen, Kindern und Jugendlichen. Zeitweise begleitet sie auch psychologisch die türkische Jugendgruppe, die von der türkischen Werksfürsorgerin geleitet wird. Gemeinsam mit ihrem deutschen Kollegen betreut sie die spieltherapeutisch ausgerichteten deutsch-türkischen Kindergruppen. Durch die zeitweise Übernahme von Dolmetscherfunktionen erleichtert sie außerdem allgemein die Betreuung der türkischen Familien.

Bikulturelle Betreuungsarbeit

Durch eine Katastrophe wie die von Borken wird die Welt der Hinterbliebenen auf der psychischen, sozialen und körperlichen Ebene nachhaltig verändert, wenn nicht gar zerstört. Um die Lebenssituation neu ausbalancieren zu können, braucht der Hinterbliebene bestimmte Orientierungshilfen, die ihn nicht nur in seinem Trauerprozeß auf der psychisch-medizinischen Ebene begleiten, sondern auch in seiner sozialen Umwelt. Die Zusammensetzung der Arbeitsgruppe Stolzenbachhilfe aus verschiedenen Berufsgruppen (Ärzte, Pädagogen, Pfarrer, Psychologen, Werksfürsorgerinnen etc.) und insbesondere aus verschiedenen Nationalitäten (deutsch und türkisch) stellte für die Betreuungsarbeit der Hinterbliebenen einen ganz wesentlichen und charakteristischen Aspekt dar.

In den menschlichen Beziehungen im allgemeinen und bei der Psychotherapie im besonderen bildet das Vertrauen des Klienten zum Therapeuten den allerwichtigsten Grundstein der Betreuung. Nur im Vertrauen zum Therapeuten kann der Klient eine Basis finden, von der aus er sein Innerstes öffnet und mitteilt.

Ähnlich entwickelte sich auch die psychosoziale Betreuung der Hinterbliebenen des Borkener Grubenunglücks. Trauer kann der Mensch am besten in dem ihm vertrauten Rahmen durchleben, er kann seine aufgestauten Gefühle am leichtesten in seiner Muttersprache in den ihm vertrauten kulturspezifischen Verhaltensweisen differenziert ausdrücken, sich »fallenlassen«. Allein schon aus diesem Grunde war die bikulturelle Zusammensetzung der Arbeitsgruppe Stolzenbachhilfe wichtig. Sie machte es nach dem Unfall wesentlich leichter, mit den türkischen Hinterbliebenen in Kontakt zu kommen und den Kontakt auch zu halten, weil keine sprachliche oder kulturelle Hemmschwelle zu überwinden war.

Durch die vielfältigen Gespräche, Begegnungen und gemeinsamen Aktivitäten lernten alle Beteiligten, typisch deutsche oder typisch türkische Einstellungen, Meinungen und Verhaltensweisen zu akzeptieren, zu respektieren und miteinander zu verbinden. Dieser Prozeß fand nicht nur zwischen türkischen Hinterbliebenen und deutschen Betreuern statt, sondern auch zwischen türkischen und deutschen Hinterbliebenen und zwischen türkischen und deutschen Betreuern. Beide Seiten mußten sich mit den kulturellen Gegebenheiten persönlich und fachlich auseinandersetzen, die verschiedenen Situationen auch bikulturell kritisch reflektieren und differenzierter wahrnehmen, um dadurch den Umgang miteinander zu erleichtern.

Im Laufe der Zeit kam – neben den Unterschieden – immer mehr zum Ausdruck, wieviele Ähnlichkeiten und Gemeinsamkeiten die oberflächlich so verschieden kulturell geprägten Deutschen und Türken miteinander haben. Sogar die religiösen Welten konnten zeitweilig zusammengebracht werden. Die jährlichen Gedenkfeiern fanden in einer christlichen Kirche statt, wo die Trauerfeierlichkeiten gemeinsam von dem islamischen und den christlichen Geistlichen durchgeführt wurden. Dadurch konnten sich die »Schicksalsgefährten«, die betroffenen türkischen und deutschen Familien, in ihrer je eigenen religiösen Welt begegnen, sich näher kommen, sich vertrauter werden.

21. September 1989

Betroffene und Helfer treffen sich

Betroffene haben den Wunsch geäußert, mehr Einblick in die Arbeit der Stolzenbachhilfe zu bekommen. Um ein persönliches Kennenlernen zu ermöglichen und Vorstellungen, Bedürfnisse und Probleme der Betroffenen im großen Plenum diskutieren zu können, lädt die Arbeitsgruppe in das evangelische Gemeindezentrum in Borken ein.

Zunächst stellen sich die einzelnen Mitglieder der Stolzenbachhilfe mit ihren Arbeitsschwerpunkten vor. Dann werden das Gesamtprogramm und die Funktion der psychologisch geleiteten Gruppen erläutert. Zu Beginn des Treffens ist eine große Anspannung spürbar, die zunächst nicht angesprochen wird. Eine Betroffene formuliert schließlich stellvertretend für alle das Problem: »Überall steht in der Presse zu lesen, wie uns geholfen wird. Da kommen Leute, die von anderen Unglücken betroffen sind, und sagen: Mir wurde und mir wird nicht geholfen. Da kriegt man ein schlechtes Gewissen«.

Helfer und Betroffene beurteilen eine Fortsetzung der gemeinsamen Zusammenkünfte als wünschenswert. In einem Nachtreffen im Kreis der Helfer wird allerdings deutlich, daß hier recht verschiedene Bedürfnisse aufeinandertreffen, die nur zum Teil miteinander vereinbar sind. Da ist zum einen der verständliche Wunsch der Betroffenen nach besserer Information über die Arbeit der Stolzenbachhilfe. Auf der anderen Seite steht das Bedürfnis der Helfer, sich zwar untereinander offen, aber nicht öffentlich aussprechen zu können. Eine Kompromißformel wird gefunden: Ein gemeinsames Treffen soll künftig in jedem dritten Monat stattfinden.

11. Oktober 1989

Fernsehfilm über die Trauerarbeit in Borken

In der ZDF-Reihe »Kontext« wird ein 30minütiger Film über die Bewältigung des Borkener Grubenunglücks ausgestrahlt: »Die Hinterbliebenen – Borken ein Jahr nach dem Grubenunglück«. Die Autorin Christel Priemer hat ihren Film vor Ort recherchiert und Betroffene dazu gebracht, offen über Gefühle, Erfahrungen und erfahrene Hilfen zu sprechen.

17. Oktober 1989
Staatsanwaltschaft: Keine Anhaltspunkte für strafbares Verhalten

Die Staatsanwaltschaft Kassel beendet ihre sofort nach dem Grubenunglück aufgenommenen Ermittlungen mit dem Ergebnis, daß es keine Anhaltspunkte für ein strafbares oder ordnungswidriges Verhalten im Zusammenhang mit dem Betrieb der Grube und insbesondere dem Unglückshergang gibt. Das Ermittlungsverfahren wird deshalb eingestellt.

Weder dem Unternehmen noch einzelnen Mitarbeitern kann nach Feststellung der Staatsanwaltschaft ein Vorwurf gemacht werden. Auslöser der verheerenden Braunkohlenstaubexplosion war eine betriebsbedingt übliche Ausbausprengung in einer Pfeilerstrecke im Nordfeld. Fünf Experten-Teams und neun Gutachter haben den Fall untersucht, für den es in 30jähriger Praxis im Braunkohlentiefbau keinen Präzedenzfall gibt.

Betroffene und Helfer sollen das Ergebnis offiziell bei einer von der Firmenleitung zusammen mit der Staatsanwaltschaft ausgerichteten Zusammenkunft erfahren. Alle nehmen die Einladung an. Das Angebot einer solchen Veranstaltung stellt von Seiten der Staatsanwaltschaft ein ungewöhnliches Zugeständnis dar.

Die Betroffenen werden allerdings gleich vierfach enttäuscht. Unmut ruft zunächst die für Laien schwer verständliche Wortwahl der Staatsanwälte hervor, die mehr zur Verwirrung als zur Klärung beiträgt. Enttäuscht sind die Hinterbliebenen außerdem davon, daß sie erst nach den Medien informiert werden. Noch wichtiger aber für ein Verständnis der sich anschließenden Reaktionen der Betroffenen ist, daß sie nun niemandem die Schuld geben können. Das ist für die meisten das eigentlich Unverständliche an den Worten der Staatsanwälte, daß letztlich niemand verantwortlich sein soll. Und manchen erscheint es schließlich sogar so, als habe das Untersuchungsergebnis sowieso von vornherein festgestanden. Eine Witwe verläßt den Raum vorzeitig mit dem Kommentar: »Also Pech gehabt.«

19. Oktober 1989
Reaktionen: Hilflose Wut, Ratlosigkeit, Depression

Betroffene und Helfer kommen erneut zusammen. Die emotionale Situation ist gespannt. Für einen Teil der Betroffenen ist mit dem Spruch der Staatsanwaltschaft das Thema Schuldzuweisung abgeschlossen. Ratlosigkeit, Hilflosigkeit, verhaltene oder offene Wut kennzeichnen die Reaktionen eines anderen Teils. Wie zu erwarten, habe man keinen Schuldigen gefunden, wird geäußert. Neuerliche Depressionen, aggressive Auseinandersetzungen drohen.

Der ZDF-Film vom 11. Oktober, zweites Hauptthema des Treffens, fragt nicht nach den Schuldigen, sondern: Wie lassen sich Verluste bewältigen? Nebenbei erfahren Betroffene und Helfer an Priemers Borken-Reportage, daß die Medien auch einen positiven Beitrag zur Trauerarbeit leisten können.

Für die mittlerweile sattsam bekannte Frage, warum hier geholfen wird und anderswo nicht, findet die Arbeitsgruppe nun eine Antwort. Vielleicht kann das Gedenken der Borkener Opfer das Bewußtsein für die Opfer an anderer Stelle unterstützen? Erinnerungen und Erfahrungen wie die der Helfer und Betroffenen von Borken dürfen nicht untergehen. Indem sie thematisiert werden, wird öffentlich, was sonst nur hinter vorgehaltener Hand, im engsten Kreis gesagt werden kann. Nur was bewußt wird, kann bewältigt werden.

November 1989
Witwen treffen Gerettete

Im November 1989 findet ein erstes Treffen zwischen Witwen und Geretteten statt. Es ist erst nach langer Vorbereitungszeit überhaupt möglich. Therapeutische Erwägungen haben den Ausschlag gegeben und gezeigt, wie wichtig solch ein Treffen ist.

Auf Seiten der Geretteten bestehen von Anfang an starke Schuldgefühle, das Unglück überlebt zu haben, besonders den Witwen der umgekommenen Kumpel gegenüber. Es kann bei ihnen kaum Freude darüber aufkommen, mit dem Leben davongekommen zu sein. Wenn sie einer der Witwen im Alltag begegnen, fühlen sie sich sehr unwohl und deprimiert, bis hin zu starken psychosomatischen Reaktionen. Aus den Blicken der Witwen meinen sie Vorwürfe herauszulesen, daß sie, im Gegensatz zu ihren Arbeitskollegen, aus der Grube herausgekommen sind. Sie gehen solchen Begegnungen möglichst aus dem Weg, auch ganz wörtlich, indem sie die Straßenseite wechseln.

Dieses Ausweichen wird von den Witwen fälschlicherweise als Überheblichkeit interpretiert, als Ausdruck dessen, daß die Geretteten nun nichts mehr mit ihnen zu tun haben wollen. Die Witwen stellen sich im Vorfeld des Treffens quälende Fragen: »Hat er (der Gerettete) vielleicht gesehen, wie mein Mann umgekommen ist?«, »Hätte er ihm vielleicht auch den Weg in den rettenden Stollen zeigen können?«

Bevor jedoch derartige Fragen auf dem Treffen auch nur angesprochen werden können, ist ein langwieriger, schrittweiser Annäherungsprozeß notwendig – von beiden Seiten. Für die Geretteten ist es besonders wichtig zu hören, daß die Witwen es ihnen nicht neiden, überlebt zu haben. Für die Witwen ist es hilfreich, aus Sicht unmittelbar Beteiligter den Unfallhergang geschildert zu bekommen und konkrete Fragen über den damaligen Aufenthaltsort ihrer Männer zu klären.

Nach diesem Treffen fällt es allen Beteiligten leichter, auch bei zufälligen Begegnungen aufeinander zuzugehen. Alle haben das Gefühl, einen schweren, aber äußerst lohnenden Schritt in der Bewältigung der Unglücksfolgen getan zu haben.

30. NOVEMBER 1989
Veränderter Arbeitsstil

Bei ihrem turnusmäßigen Treffen stellen die Helfer fest, daß sich fast unbemerkt ein anderer Arbeitsstil entwickelt hat. Im gegenseitigen Umgang können Helfer und Betroffene jetzt gelassener hinhören und sich gleichzeitig schärfer abgrenzen. Dadurch entsteht weniger Hektik.

30. November 1989
Das Urteil der Staatsanwaltschaft:
Zweiter Erklärungsversuch

Das Ergebnis der staatsanwaltlichen Untersuchungen läßt vielen Betroffenen keine Ruhe. Das hat insbesondere mit der Art zu tun, wie sie mit den Ergebnissen konfrontiert wurden. Die wenigsten haben wirklich verstanden, was die Staatsanwaltschaft ihnen mitteilen wollte. Nicht Beruhigung, sondern Beunruhigung ist die Folge.

Die Berichte der Werksfürsorgerinnen über ihre Hausbesuche machen immer deutlicher, daß dringender Erklärungsbedarf besteht. Am 30. November findet eine Veranstaltung extra zu dem Zweck statt, die staatsanwaltlichen Ergebnisse, wie es in der Begrüßung heißt, »vom Juristischen in das Bergmännische und weiter in das Allgemeinverständliche« zu übersetzen. Ein Bergbeamter vom Bergamt Weilburg versucht, diese schwierige Aufgabe zu lösen. Aber die Unzufriedenheit und das tiefe Unverständnis bei einem Teil der Betroffenen bleiben bestehen.

7. Dezember 1989
Ein Ende der akuten Trauer?

Am 7. Dezember treffen sich Helfer und Betroffene erneut in einer gemeinsamen Runde. Anwesend sind allerdings nur sehr wenige aus dem Kreis der Betroffenen.

In der Rückerinnerung an die Vorweihnachtszeit 1988 wird deutlich, um wieviel entspannter die Situation geworden ist. Die meisten der Betroffenen, so zeigen Hausbesuche und Gruppentreffen, haben ihre Trauerkleidung jetzt abgelegt. Dies ist das offenkundigste Zeichen für ein Ende der akuten Trauer.

12. Dezember 1989
Störung durch Fernsehbericht

Die Hessenschau beschäftigt sich am 12. Dezember noch einmal mit der Schuldfrage beim Grubenunglück von Borken.

Das Urteil der Staatsanwaltschaft wird in dem Bericht massiv
in Zweifel gezogen, Tenor: »Das Unglück war vermeidbar, 51
Tote waren umsonst«. Der Bericht endet mit einer offenen
Frage: »Das Unglück in Borken also doch kein unvermeidbares
Schicksal, sondern Schlamperei?« Trotz eines entsprechenden
Appells der Fernsehjournalisten an die Staatsanwaltschaft sieht
diese in den dargestellten Fakten keinen Anlaß, die Ermittlungen wieder aufzunehmen. Einige der vom Unglück Betroffenen sind für kurze Zeit in neue Zweifel gestürzt, aber längst
nicht in dem Umfang wie befürchtet. Sie sind offenkundig jetzt
dazu in der Lage, mit solchen Belastungen umzugehen.

Stand der Gruppenbildung Ende 1989
Gruppe jüngerer Witwen
Gruppe älterer Witwen
Gruppe türkischer Witwen
Gruppe von Müttern und Vätern
Kindergruppen
Gruppe der Verletzten
Gruppe der Geretteten
Gruppe der Grubenwehrangehörigen
Gruppe der Betriebsangehörigen
Gruppe türkischer Jugendlicher

JANUAR 1990
Die Stillegung von Kraftwerk und Bergbau in Borken steht fest

Wegen der absehbaren Stillegung von Kraftwerk und Bergbau
in Borken zum Beginn der 90er Jahre besteht seit April 1988
eine Betriebsvereinbarung zur Milderung der sozialen Folgen.
Im Vordergrund steht für die älteren Mitarbeiter eine Vorruhe-
standsregelung, von der ab 1988 alle hierzu berechtigten Mitarbeiter Gebrauch machen. Allen jüngeren Mitarbeitern werden Arbeitsplätze in anderen Betrieben der PreussenElektra in
Hessen, Niedersachsen und Nordrhein-Westfalen angeboten.
    Durch das Unglück in der Grube Stolzenbach stellt sich die
Frage nach der Betriebsstillegung neu. Anfang 1990 steht fest,
daß ein geregelter Bergbau- und Kraftwerksbetrieb nur noch

kurze Zeit möglich ist. Der Zeitpunkt für die Stillegung wird auf den 31. März 1991 festgelegt. Von ursprünglich 658 Mitarbeitern im Juni 1988 scheiden bis zu diesem Zeitpunkt insgesamt 402 aus. Entlassungen oder Kündigungen sind nicht erforderlich. Die Restbelegschaft, vorwiegend ältere Mitarbeiter, wickelt Abschluß- und Rekultivierungsarbeiten ab.

Von den acht Personen, die bei dem Grubenunglück verletzt wurden, gehen sechs in den Vorruhestand oder, infolge ihrer Verletzungen, vorzeitig in Rente. Zwei bleiben weiter vor Ort beschäftigt.

Die sechs geretteten Bergleute sind durch ihr Erlebnis (65 Stunden unter Tage, ohne zu wissen, ob eine Rettung möglich ist) sehr stark belastet. Ein türkischer Bergmann kehrt auf eigenen Wunsch nach einiger Zeit in seine Heimat zurück, zwei weitere finden anderswo neue Beschäftigung. Die übrigen werden zunächst in Borken weiterbeschäftigt. Wohnort- und Arbeitsplatzwechsel würden nur neue Belastungen bedeuten.

Trotz aller Bemühungen des Unternehmens und Ausschöpfung aller Möglichkeiten zur Vermeidung von Härtefällen kann der Verlust so vieler Arbeitsplätze beim ehemals größten Arbeitgeber in der Region nicht ohne Folgen bleiben. Diese Folgen stehen zwar eigentlich nicht im Zusammenhang mit dem Grubenunglück, werden nun aber durch zeitliche Nähe als direkte Folgen erlebt. Nicht die erschöpften Kohlelagerstätten, sondern die Folgen des Bergwerksunglücks erscheinen manchem nun als Ursache der verstärkten Arbeitsmarktprobleme in der Region.

JANUAR 1990
Die psychologische Arbeit mit Kindern wird intensiviert

Bei der gruppeninternen Besprechung der Kinderbetreuung stellt sich heraus, daß die Kinder häufiger »unauffällig« genannt werden, als es gerechtfertigt sein kann. Offenkundig neigt man dazu, über die Probleme von Kindern leichter hinwegzusehen.

Die Kinder, die ihre Väter verloren haben, zeigen zum Teil erst jetzt stärkere Reaktionen. Eine Frau erzählt: »Ganz komisch: meine Kinder fangen jetzt an, vom Vater zu reden.«

Diese Reaktion der Kinder stellt sich als Reflex des Verhaltens der Mütter heraus. Die Mütter blockieren das Gespräch über die Väter nicht mehr länger. Es scheint, daß die Arbeit mit den Kindern gerade erst beginnt. Dem wird durch die Bildung zweier weiterer Kindergruppen Rechnung getragen. Das betreuende Psychologen-«Gespann» – deutscher Psychologe, türkische Psychologin – bietet Identifikationsmöglichkeiten für alle Kinder.

JANUAR 1990
Die Situation in den türkischen Familien

Anfang des Jahres 1990 ist die Trauerarbeit bei den türkischen Familien noch nicht abgeschlossen. Unter den Betroffenen herrscht eine verbitterte Stimmung, aggressive Gefühle steigen auf und werden nun auch konkreter ausgedrückt. Während die Betroffenen im ersten Jahr nach der Katastrophe ihre aggressiven Gefühle zu unterdrücken versuchten und sie durch kleine Streitereien mit den Schicksalsgenossen oder mit den Betreuern ausagierten, beginnen sie, sich allmählich zu solidarisieren und die Aggressionen nach außen zu richten.

Körperliche Beschwerden stehen bei der Mehrheit der Betroffenen weiterhin im Vordergrund. Dies gilt nicht nur für die Älteren, sondern auch für einige der Jugendlichen. Die Beziehung zu den Betreuern ist immer noch ambivalent und prüfend, häufig mit kritischen Haltungen verbunden. Nachdem die Funktionsordnung im Betreuungsprozeß mit klarer Aufgabenzuweisung und Rollenabgrenzung konkreter festgelegt ist, können die bisher ineinandergreifenden Übertragungs- und Gegenübertragungsprobleme eher bewältigt werden und der soziale Aktivierungsvorgang beginnt, effektiv zu verlaufen.

Anfang 1990, 1½ Jahre nach dem Unglück, beginnen die betroffenen türkischen Familien allmählich, sich unter ihren neuen Lebensbedingungen zu stabilisieren. Diese Entwicklung verläuft bei den Türken anders als bei den deutschen Betroffenen. Die Erklärung ist in kulturell anders geprägten Gewohnheiten zu suchen, mit Trauer und gegenseitiger Hilfe umzugehen.

Viele Aufgaben, die vor allem die Regelung des alltäglichen

Lebens betrafen, wurden durch das enge soziale, vor allem
familiäre Netz aufgenommen und gelöst. Zugleich konnten
die Betroffenen sich zunächst auf feststehende Regeln ihrer
muslimisch bestimmten Trauerarbeit verlassen – Regeln, die
bei den Deutschen, insbesondere bei den Protestanten, viel
weniger ausgeprägt sind. Knapp zwei Jahre nach dem Unglück tragen diese Regeln aber immer weniger. Auch die türkischen Familien sind nun sich selbst und ihrer eigenen Initiative überlassen. Daraus ergibt sich für die Stolzenbachhilfe
Anlaß zu intensiverer Beobachtung und Unterstützung dieser
Gruppe.

Einige der türkischen Familien sind in die Heimat zurück-
gekehrt. Die in Deutschland Gebliebenen haben angefangen,
sich den veränderten Umständen anzupassen. Die bisher passiv abweisende Haltung der Witwen wandelt sich zu einer
aktiven und das Schicksal annehmenden Einstellung. Diese
Wandlung ist gegen Ende des Jahres 1990 nun ganz deutlich.

Im zweiten Jahr nach dem Unglück treten die Reaktionen
der jugendlichen Türken deutlicher in den Vordergrund. Bei
vielen kommt es zu familiären Schwierigkeiten, die sich vor-
dergründig an Autoritätsfragen und Schulproblemen festmachen. Durch entsprechende psychologische und sozial-
pädagogische Betreuung der Jugendlichen, Besprechungen mit
den Lehrern und Beratung der Mütter können die Auffälligkeiten zum großen Teil beseitigt werden.

Im allgemeinen ist unter den Jugendlichen eine teilweise
unterschwellig verlaufende, teilweise manifest feststellbare
Zerstreutheit und eine leicht depressive Verstimmung zu beobachten. Die aufgebaute Jugendgruppe hat auf die soziale Akti-
vierung der jüngeren türkischen Betroffenen gute Wirkungen.
Der Einbezug von einigen jüngeren Personen aus den nicht
betroffenen türkischen Familien hat zur Dynamik der Gruppe
erheblich beigetragen, so daß sich der Charakter der Gruppentreffen von einer traurigen oder manchmal selbstbemitleidenden
Trauerarbeit in ein geselliges soziales Zusammensein verwan-
delt.

2. FEBRUAR 1990
Retter und Gerettete treffen sich

Innerhalb der Gruppe der Geretteten macht sich Sorge breit, in Zukunft außerhalb Borkens arbeiten zu müssen. Dies kommt manchen nach den gerade überstandenen Problemen wie eine Entwurzelung vor, mit der sie nur schwer fertig würden.

Vorbereitet wird jetzt ein Treffen mit Grubenwehrmännern aus dem Ruhrgebiet, die als Rettungsmannschaften in Borken waren. Ziel ist ein intensivierter Austausch, bei dem verstärkt auch eventuelle Probleme der Retter Gegenstand werden sollen.

14. FEBRUAR 1990
Faschingsfeier mit den Betroffenen – ein Wagnis?

Die Betreuer vom DRK beweisen großen Mut. Sie organisieren eine Faschingsveranstaltung für die Betroffenen und laden dazu die Prinzengarde aus Fritzlar ein. Die Veranstaltung ist gut besucht. Hier kommen die Betroffenen einmal in einer ganz anderen Stimmung zusammen, in einer Situation, in der nicht Trauer und Problembewältigung im Vordergrund stehen. Es entwickelt sich eine gute, durchaus gelöste Stimmung – das Wagnis gelingt.

MITTE FEBRUAR 1990
Gedenkfeier 1990: Wieder überkonfessionell

Die Pläne für die Gedenkfeier zum Jahrstag im Juni nehmen Gestalt an. Protestanten und Katholiken sind sich einig, gemeinsam das Ereignis gestalten zu wollen. Offen bleibt zunächst, ob auch der türkische Geistliche wieder dabei ist, weil die Stelle des Hodschas neu besetzt werden muß. Am 20. Februar 1990 trifft der neue Hodscha ein und erklärt sich zur Zusammenarbeit bereit.

15. MÄRZ 1990
Die Betroffenen nehmen ihr Leben allmählich
wieder in die Hand

Beim Treffen der Arbeitsgruppe Stolzenbachhilfe wird erstmals die Erfahrung diskutiert, daß die Bewältigung eines Unglücks ganz neue Kräfte freisetzen kann. Seit einigen Wochen schon ist in der Gruppenarbeit spürbar, daß bei den Betroffenen regelrecht eine »neue Kraft« gewachsen ist, um das eigene Leben zu gestalten.

Auch die Werksfürsorgerinnen stellen bei ihren Hausbesuchen eine zunehmende Stabilisierung fest. Einige der Witwen scheinen bereits neue, für sie gültige Lebensperspektiven gefunden zu haben.

MITTE MÄRZ 1990
Gedenkfeier auf dem Grubengelände?

Kurzzeitig wird erwogen, bereits 1990 die jährliche Gedenkfeier auf dem Gelände der Grube Stolzenbach abzuhalten. Aber es zeigt sich, daß unter den Betroffenen die Beunruhigung, die von diesem Gelände ausgeht, noch zu groß ist.

Die Helfer legen auf ihrem Treffen am 22. März gemeinsam mit einigen der Betroffenen fest, daß die Gedenkfeier 1990 in der Evangelischen Stadtkirche stattfinden soll. Wiederum werden Christen und Moslems die Feier gemeinsam begehen. In aller Stille soll, so wird weiter besprochen, auf dem Grubengelände ein Kranz niedergelegt werden.

MAI 1990
Die Gedenkstätte Stolzenbach wird gestaltet

Bereits kurze Zeit nach dem Grubenunglück im Tiefbau Stolzenbach besteht bei den Verantwortlichen der PreussenElektra Einigkeit darüber, auf dem Gelände des Tiefbaus Stolzenbach eine Gedenkstätte für die tödlich verunglückten Bergleute zu errichten.

Nach dem Beschluß vom Oktober 1988, die Grube nach

dem Unglück nicht wieder anzufahren, werden erste Überlegungen zur Gestaltung einer Gedenkstätte angestellt. Zunächst wird gedacht an einen Gedenkstein aus Quarzit oder anderem Naturstein, mit Widmung und Spruch, in einer Grünanlage mit heckenartiger Abpflanzung. Dann kommt der Gedanke auf, die Gedenkstätte allen im Borkener Braunkohlenrevier verunglückten Bergleuten zu widmen. Zunächst entstehen erste Entwürfe nach Vorschlägen aus dem Betrieb.

Nachdem im Mai 1990 die Abschluß- und Rekultivierungsarbeiten auf dem Gelände des ehemaligen Tiefbaus genügend weit fortgeschritten sind, werden Aufträge für den Entwurf einer Gedenkstätte, unter Einschluß der Landschaftsgestaltung, an sechs Künstler aus dem nordhessischen Raum erteilt. Die Wahl fällt schließlich auf den Entwurf der Bildhauer Hermann und Fritz Pohl, Kassel, in Zusammenarbeit mit dem Landschaftsgestalter Prof. Peter Prinz, Felsberg. Alle an der Auswahl Beteiligten sind sich einig, daß dieser Entwurf in künstlerischer Gestaltung, inhaltlicher Aussage und Einbeziehung der Landschaft alle Anforderungen erfüllt.

Das Besondere des Pohlschen Entwurfs liegt in der Auflösung der Gedenkstätte in mehrere Gestaltungs-Elemente, die je für sich wirken und zugleich eine Einheit bilden:

– der Eingangsbereich besteht aus Sandstein; zwei Bronzetafeln informieren über die knapp 70jährige Geschichte des Bergbaus im Borkener Braunkohlenrevier.

– Auf dem Weg zum Schachtbereich liegt eine ›Gebirgsscholle‹, eine Gesteinsschichtenfolge aus Züschener Sandstein mit bildhauerisch gestalteten Motiven aus dem Bergwerksalltag.

– In einen Ring aus 12 Bronzeplatten mit Widmung und einem Spruch sind in chronologischer Reihenfolge die Namen aller im Borkener Braunkohlenrevier verunglückten Bergleute eingraviert. Die am 1. Juni 1988 Verunglückten stehen in einem Block zusammen, alphabetisch angeordnet. Der in die Bronzeplatten eingearbeitete Spruch lautet: *»Die Toten sind Teil unseres Lebens, so wie jeder Teil der Natur dem Leben dient/Vergänglichkeit ist unser aller irdisches Los und doch ist das Leben nicht mit dem Tode des einzelnen beendet.«*

– Der Bronzering ist umgeben von einem Kreis aus 12 Bergahornbäumen, jeweils einer für jede der Bronzeplatten. Die

Zahl 12 ist bewußt gewählt, sie symbolisiert die Lebens-Uhr. Die landschaftsplanerische Gestaltung ist so angelegt, daß die Gedenkstätte im Laufe der Jahre mehr und mehr ein Teil der umgebenden Landschaft wird.

Erinnern

Erinnern heißt, im Inneren des eigenen Selbst etwas Bekanntes wahrnehmen, ein Gefühl, ein Bild, einen Ton, einen Gedanken, einen Menschen.

Erinnern ist zunächst Teil unserer Gegenwart, indem wir von unserer derzeitigen Wahrnehmung ausgehen. Erinnern wird Teil der Vergangenheit, indem wir es auf Erfahrenes beziehen. Erinnern wird Zukunft, indem wir uns mit der Zielsetzung erinnern, daß wir die Gegenwart gestalten *werden*. Erinnern ermöglicht uns, in der Zeit zu leben und die Zeit zu gestalten, das heißt, eine Zeitgestalt zu schaffen.

Erleiden wir einen Verlust oder fühlen wir uns bedroht, so suchen wir das gegenwärtig Störende zu erfassen. Hiernach gehen wir in die Vergangenheit, um zu sehen, wie ähnliche Störungen gemeistert wurden. Darauf versuchen wir uns vorzustellen, wie die Störung mit Hilfe eigener Zuwendung und der anderer zu meistern ist.

Dieser Umgang mit Bedrohung und Verlust kann manchmal so schmerzlich sein, daß kein Erinnern möglich erscheint. Der Betroffene handelt so, als gebe es keine Bedrohung oder als habe kein Verlust stattgefunden. Er verleugnet die Realität. Er kann Depressionen, Zwänge, funktionelle Störungen oder körperliche Krankheiten entwickeln. Kommt er jedoch mit dem Therapeuten zusammen, so ist es in der Regel möglich, sich alter Lösungsansätze zu *erinnern*, uns bekannte Trauerabschnitte zu durchlaufen und die verlorengegangene Zeitgestalt neu zu entwickeln.

Erleiden wir einen Verlust oder eine Bedrohung, die im gewöhnlichen Leben nicht erfahren wird, dann gibt es keine erfahrenen Lösungsansätze und wir können uns nicht erinnern. Da wir jedoch gelernt haben, nach früheren Lösungen Ausschau zu halten, beginnen wir, gleichsam leer zu rotieren.

Das ist die Situation der *Katastrophe*. Nunmehr müssen wir sagen:

Erinnern kann jetzt heißen, vieles, aber nichts Ganzes, Heiles
wissen,
Erinnern kann jetzt heißen, ziellos handeln,
Erinnern kann jetzt heißen, schematisch wiederholen,
Erinnern kann jetzt heißen, sich selbst und andere zerstören,
Erinnern kann jetzt heißen, schließlich untergehen.
Jede Stufe ist mit Nicht-Erinnern und Leugnen verbunden. Es ist die
Frage, wie die Kaskade des Nicht-Erinnerns unterbrochen werden
kann.

Erinnern im Falle der Katastrophe sollte heißen, neuartige Lösungsansätze ver-innerlichen. Wir müssen an uns Gespürtes wie von
anderen Angebotenes nach innen holen. Nunmehr sind wir ganz
auf die Gegenwart verwiesen, das heißt, eine Zeitgestalt besteht
zunächst nicht.

Wir fragen uns, wer wir sind, wenn wir uns selbst spüren und
wenn wir anderen be-gegnen, uns von ihnen *gegnerisch* abgrenzen
und Widerstand spüren. Erst wenn wir spüren, daß wir uns und
anderen be-gegnen und hierbei wir selbst bleiben, entsteht wieder
die Zeitgestalt.

Erinnern im Begegnen heißt, in Gegenwart des anderen loszulas-
sen und nicht festzuhalten. Lassen heißt, sich der Schwerkraft
anzuvertrauen und sich zu bewegen; festhalten heißt, keine Veränderung zu erspüren, das heißt Stillstand.

Nach der Katastrophe halten wir zunächst fest, aus der Angst
heraus, den Halt zu verlieren. Erst durch das Lassen erfahren wir,
daß wir uns bewegen und *keine* Katastrophe folgt. Das erfordert
Kraft auch von den Helfern. Sie stoßen auf resignierte Menschen,
die sich zurückgezogen haben und ihrerseits keine Hilfe suchen.
Gelingt die Begegnung, so ist der Grundstein zu einem qualitativ
neuartigen Erinnern gelegt.

Aktives, heilendes Erinnern wird leichter durch Anhaltspunkte,
Anlässe, Anstöße. Fotos können solche Anstöße geben, Gegenstän-
de, Situationen. Aber mit der zeitlichen Entfernung zum erlittenen
Verlust verblassen diese Erinnerungen und machen dem Gedenken
Platz. Gedenken ist Erinnern, aber bewältigtes, souveränes Erin-
nern.

Darum sind Gedenkfeiern oder Gedenkstätten so bedeutungs-
voll. Sie stoßen immer wieder an und verhindern so das Vergessen
– aber auch das Verdrängen. Diese Art von Gedenken darf aber
nicht erstarrtes Ritual werden, muß gestaltbar bleiben für den
Trauernden, Erinnernden, Gedenkenden.

Gedenkfeiern haben ihre Zeit, Gedenkstätten überdauern. Sie

sollten nicht Mahnmal sein, Ehrfurcht gebieten, sondern einladen zum Gedenken, Stille und Frieden bieten. Im Idealfall spiegeln sie wieder, was im Inneren des Gedenkenden an Erinnerung geblieben ist: Gefühle, Bilder, Töne, Gedanken kommen wieder aus der Erinnerung, erhalten erneut Kraft und Frische, aber ohne zerstörerische Macht.

Mai 1990
Die Gruppe der Geretteten geht ›unter Tage‹

Nach der ausführlichen Bearbeitung der traumatischen Erlebnisse während ihres 65-stündigen Eingeschlossenseins und der dramatischen Rettungsaktion stehen für die Geretteten 1990 andere Themen im Vordergrund:

– der Verlust der vielen Freunde und Kollegen,
– der Verlust des Arbeitsplatzes im Tiefbau,
– die Auseinandersetzung mit persönlichen, langfristigen Problemen nach dem Unfall (wie Ängste, Unsicherheiten),
– psychosomatische Beschwerden.

Besondere therapeutische Funktion für den einzelnen hat dabei allein schon das regelmäßige Zusammentreffen mit den alten Freunden in der Gruppe. Dabei kann jeder feststellen, daß sich die anderen mit ähnlichen Problemen beschäftigen. Eine gewisse Stabilisierung des psychischen Zustandes ergab sich schon im Laufe des Vorjahres, als das Unternehmen im Frühjahr eine Weiterbeschäftigung in der Region zusagte und im November ein erstes Treffen der Geretteten mit den Witwen stattfand.

Einen weiteren Meilenstein in der Bewältigung des Unglücks stellt für die Geretteten die Kontaktaufnahme mit dem Rettungstrupp aus Bergkamen dar. Ein erstes Treffen organisieren die Helfer im Mai 1990 in Bergkamen. Das gemeinsame ›Einfahren‹ ist für die Geretteten der erste Aufenthalt unter Tage nach dem Unglück. Die dabei auftauchenden Gefühle und ablaufenden psychischen Prozesse können, zusammen mit dem mitgereisten betreuenden Psychologen, im wahrsten Sinne des Wortes »vor Ort« bearbeitet werden.

In einem anschließenden ausführlichen Gruppengespräch zwischen Geretteten und Rettern werden sowohl die einzelnen

Stationen des Unglücks und der Rettung als auch deren kurz-
und längerfristige Auswirkungen auf die Psyche der Betroffenen behandelt. Ein zweites Treffen findet einige Monate später
in Borken statt. Dabei wird gemeinsam der Unglücksort besucht.

30. Mai 1990
Aufenthaltsrecht für türkische Angehörige

Eine nicht zu unterschätzende Belastung besteht für die türkischen Angehörigen verunglückter Bergleute in der ungeklärten Frage ihres Aufenthaltsrechtes. Am 30. Mai nimmt der
Landrat des zuständigen Schwalm-Eder-Kreises durch eine
schriftliche Bestätigung des Aufenthaltsrechtes diese Sorge.

Ende Mai 1990
Zwischenbilanz der Betreuung nach zwei Jahren: Neue soziale Rollen »daheim«

Die Gruppenarbeit läuft kontinuierlich weiter. In den Gruppen
»Grubenwehr« und »Betriebsangehörige« konnte in der zweiten Hälfte 1989 die Arbeit eingestellt werden. Die selbstgestell-
te Aufgabe ist erfüllt: Das während des Unfalls und in der Zeit
danach Erlebte gemeinsam nachzubesprechen und so zu verarbeiten. Einige Mitglieder beider Gruppen kommen noch zu
Einzelgesprächen, um sehr persönliche Probleme zu besprechen.
    In den übrigen Gruppen gibt es fast keine Veränderungen
in der Zusammensetzung. Sie bestehen seit fast zwei Jahren
und bieten dadurch den Gruppenmitgliedern ein hohes Maß
an Sicherheit und Geborgenheit. Die Mitarbeit ist unverändert
lebhaft. Insgesamt fanden im zweiten Jahr rund hundert Gruppentreffen statt.
    Neben den Gruppentreffen wurden auch zahlreiche Ein-
zelgespräche mit den betroffenen Kindern und Erwachsenen
durchgeführt. Damit werden Personen angesprochen, die von
vornherein nicht an einer Gruppenarbeit teilnehmen wollten,
aber auch solche, die zusätzlich zu den Gruppenterminen noch

intensivere Einzelgespräche wünschen. Viele Gespräche wurden auch mit Lehrern, Ärzten und verschiedenen anderen Institutionen geführt.

Beispielhaft die Themen von vier Gruppentreffen:

Juni 89 – Thema: Wir-Gefühl
Grillen mit einer Gruppe von Witwen und Kindern an einem See als Ausdruck der Öffnung nach außen, des Wunsches, sich nicht mehr zurückzuziehen. Ein stärkeres Wir-Gefühl soll so gefördert werden.

Juli 89 – Thema: Tod
Gemeinsame Gruppe mit den Pfarrern, dem Psychologen, allen interessierten Witwen, Müttern und Vätern. Thema: Tod und Weiterleben nach dem Tod aus theologischer und psychologischer Sicht – als Ausdruck der Erkenntnis, eine solche Katastrophe nicht aus einem Blickwinkel allein bearbeiten zu können.

November 89 – Thema: Schuldgefühle
Witwen und Gerettete treffen sich zum ersten Mal. Viele Ängste, Befürchtungen und Schuldgefühle können angesprochen und abgebaut werden.

Mai 90 – Thema: Rettung
Die Geretteten und ihre Retter kommen zusammen. Die Dramatik der Rettung und die dabei erlebten Gefühle werden noch einmal durchlebt.

In den Gruppen wird im zweiten Jahr nach dem Unglück deutlich, daß die meisten den Trauerprozeß im engeren Sinne erfolgreich durchlaufen haben. Das Hauptaugenmerk in der Gruppenarbeit verlagert sich auf die durch den Verlust des Mannes, Sohnes, Vaters, Freundes neu entstandenen Familienkonstellationen und die damit zusammenhängenden Alltagsprobleme.

In der ersten Hälfte des Jahres 1990 werden von vielen zunehmend die weiteren Perspektiven für das eigene Leben und das der Kinder thematisiert. Bei einer ganzen Reihe von

Betroffenen ist spürbar, wie aus einem erfolgreich durchlebten Schicksalsschlag auch neue Kräfte entstehen können. Es wird langsam wieder möglich, das eigene Leben neu zu organisieren. Als Ergebnis der eigenen Erfahrungen entsteht in der Gruppe ein intensives Gefühl von Gemeinschaft und Solidarität mit anderen notleidenden Menschen.

Daraus ergibt sich auch das zukünftige Arbeitsfeld: Zum einen besteht weiter die Notwendigkeit, in Gruppen- und Einzelgesprächen die aus dem Unglück entstandenen persönlichen und familiären Probleme zu bearbeiten. Zum anderen können die Gruppen aber auch mehr und mehr zu Selbsthilfegruppen werden, die aus eigener Kraft und eigenem Erleben denjenigen Betroffenen Anstöße und Hilfestellungen geben können, die sich bis dahin noch zurückgezogen haben. Darüber hinaus scheint auch ein Zugehen auf andere, von Schicksalsschlägen und schweren Erlebnissen Betroffene denkbar, wünschenswert und auch aus therapeutischer Sicht sinnvoll.

Statistik der Betreuungsarbeit vom 1.6.1989 – 31.5.1990	
Anzahl der Gruppentreffen	104
Anzahl der Einzelgespräche	
mit Erwachsenen	191
mit Kindern	56
Kontakte mit Institutionen	55
Hausbesuche der Werksfürsorge	
Zahl der Betreuten	75
Zahl der Hausbesuche	174

Die Werksfürsorgerinnen nehmen bei ihren fortgesetzten Hausbesuchen zunehmende Beruhigung wahr. Immer wieder wird ihnen von den Betroffenen bestätigt, welch hohen Stellenwert die Hausbesuche nach wie vor haben. Zu allen Familien bleibt so ein kontinuierlicher Kontakt gewahrt. Sogar die sechs türkischen Familien, die in ihre Heimat zurückgezogen sind, halten weiterhin Kontakt.

Die Psychologen beobachten, daß sich ›daheim‹ neue soziale Rollen entwickelt haben, die mittlerweile schon eingeübt sind. Das hat auch Folgen für die sozialen Rollen in der Gemeinde. Die psychologische Unterstützung geht bis zum Training verhaltenstherapeutischer Selbstsicherheitstechniken, die eine Stabilisierung der neuen Rollen erleichtern. Besonders stark sind hier türkische Frauen gefordert, die, ganz anders als in der Vergangenheit, aktive Rollen außerhalb des eigenen Hauses wahrnehmen müssen. Es zeigt sich, daß sie diesen neuen Anforderungen durchaus gewachsen sind und die Veränderungen als Chance für die eigene Entwicklung erfahren.

Fortgesetzt wird die Arbeit mit einer Gruppe junger Türken zwischen 17 und 24 Jahren. Drei Ehepaare sind darunter. Diese Arbeit ist überhaupt nur möglich, weil es eine tiefe Vertrauensbasis der türkischen Mütter zu der türkischen Werksfürsorgerin gibt. Darauf können andere Mitarbeiter der Arbeitsgruppe ihre Bemühungen aufbauen.

Das 3. Jahr

Perspektiven

Neue Kräfte

Gedenken

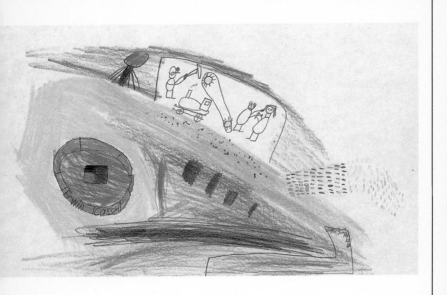

Drei Jahre nach dem Unglück: Sabine, 7 Jahre alt, zeichnet die Gedenkstätte Stolzenbach. Beeindruckt ist Sabine von der Darstellung der Szenen aus dem Bergarbeiterleben. Die Szene, in der der Vater sich von seiner Familie verabschiedet, beschäftigt sie besonders. Das Bild stellt einerseits den ganz normalen, alltäglichen Abschied des Vaters auf dem Weg zur Arbeit dar. Zugleich zeigt es für Sabine aber eben auch einen endgültigen Abschied. Der Bronzering mit den Namen aller in der Grube Stolzenbach verunglückten Bergleute ist für Sabine fast genauso wichtig. Hier sucht und findet sie den Namen ihres Vaters – und hält ihn im Bild noch einmal fest.

1. Juni 1990
Zweite Gedenkfeier: Muslime und Christen feiern wieder zusammen

In der evangelischen Stadtkirche kommen rund 500 Menschen zu einer christlich-islamischen Gedenkfeier für die verunglückten Bergleute zusammen. Der evangelische Pfarrer spricht in seiner Ansprache von den bleibenden Lücken, die das Unglück in den Familien hinterlassen hat. Aber er spricht auch davon, daß durch die Trauer hindurch ein Weg erkennbar geworden ist.»Ich glaube,»sagt er,»wir haben auf diesem Weg eine Wendemarke erreicht: Wir können nach vorne sehen, auf das, was vor uns liegt. Eine Hoffnung wächst. Und wir können auch zurückblicken. Aber noch immer tut beides weh. Denn der Weg in die Zukunft erfordert viel Mut. Und ebenso fordert uns auch die Erinnerung.« Am Unglücksort wird in aller Stille ein Kranz niedergelegt.

Eine muslimische Gedächtnisfeier findet zusätzlich am 2. Juni, einem Samstag, in der Borkener Moschee statt. Auch die Deutschen sind dazu eingeladen. Nur wenige Deutsche nehmen teil. Dabei wird gerade diese Art der Anteilnahme von den Türken, insbesondere von den Frauen, sehr ernst genommen. Die teilnehmenden Werksfürsorgerinnen spüren, daß die gemeinsame Gedächtnisfeier deutlich die Verbundenheit verstärkt.

Kirchen

Welche Rolle haben die Kirchen bei der Bewältigung des Grubenunglücks von Borken und bei der Hilfe für die Familien der Opfer gespielt? Am besten läßt sich dies an den Aktivitäten der beteiligten Pfarrerinnen und Pfarrer festmachen. Sie waren es, die in den ersten Tagen und Wochen die Arbeit der Kirchen auch nach außen – bei der Trauerfeier, den Beerdigungen und in den zahllosen Presseartikeln – symbolisierten.

Im Laufe der Jahre verschoben sich die Schwerpunkte des Engagements von Kirchen und Kirchenvertretern, angepaßt an die Bedürfnisse der Betroffenen.

Begleitung der Angehörigen
In den ersten Stunden und Tagen versuchten fast alle Pfarrerinnen

und Pfarrer der Region um Borken, evangelische wie katholische, die Familien zu begleiten und ihnen Beistand zu geben: durch das Mitwarten auf dem Grubengelände und in der Turnhalle, durch Hausbesuche und die Begleitung zum Sarg, wenn der tote Mann, Vater, Bruder geborgen war. Dabei standen weniger Antworten auf religiöse Fragen als vielmehr das einfache Zuhören, Dabeibleiben und Mitgehen im Vordergrund. Trost und Hilfe wurde vielfach stärker aus alten Gebeten, wie dem 23. Psalm, bezogen, als aus der eigenen theologischen Rede.

Über die erste Zeit des Unglücks hinaus boten die Geistlichen beider Konfessionen, individuell verschieden akzentuiert, weiterhin durch Hausbesuche, seelsorgerische Gespräche und Gedächtnisgottesdienste den Angehörigen der Opfer religiöse Hilfen auf dem Weg der Trauer an.

Beerdigungen

Bei der Vielzahl von Beerdigungen war es wichtig, den Angehörigen zu vermitteln, daß jede Feier ihren eigenen, ganz individuellen Wert behält. Nach der kollektiven Katastrophe galt es, gerade bei den Begräbnissen, die zeitlich sehr dicht beieinander lagen, die Würde jedes Toten zu bewahren. Wo der Eindruck eines kollektiven Geschehens, einer bloßen »Abwicklung« der Beerdigungen entstand, kam es zu Verstimmungen bei den Angehörigen, die die spätere Arbeit zum Teil negativ beeinflußten.

In den Ansprachen zur Beerdigung konnten Gefühle der Trauer, Fragen, Klagen und auch Anklagen an Gott zugelassen werden. Erste – vorsichtige – Antworten wurden gewagt.

Engagement in der Arbeitsgruppe

Innerhalb der Arbeitsgruppe wurde die Seite der Kirchen zunächst von mehreren evangelischen und katholischen Pfarrern aus der gesamten Region repräsentiert. Im Laufe der Zeit konzentrierte sich die aktive Mitarbeit in der Arbeitsgruppe Stolzenbachhilfe auf drei bis vier evanglische Geistliche aus dem engeren Borkener Raum.

Gedenkfeier

Ein weiterer Schwerpunkt der seelsorgerischen Arbeit bestand darin, in Abstimmung mit der Arbeitsgruppe die drei Gedenkfeiern zum ersten, zweiten und dritten Jahrestag vorzubereiten und zu gestalten. Dabei war es eine wichtige Erfahrung, daß über die – in Borken vorher schon ausgeprägte – ökumenische Zusammenarbeit zwischen der katholischen und evangelischen Kirche hinaus auch Dialog und Zusammenarbeit mit der muslimischen Seite möglich war.

Kirche als Vertreterin des Gemeinwesens
Die Mitwirkung der Kirchen in der Arbeitsgruppe muß auch unter dem Gesichtspunkt der Vertretung der Öffentlichkeit oder des Gemeinwesens betrachtet werden. Die Arbeitsgruppe Stolzenbachhilfe konstituierte sich als ein unabhängiges Forum, das die Selbsthilfe-Kräfte der Region bündeln sollte. Dabei war es immer wieder wichtig, gerade durch das Engagement von Lehrern, Ärzten und eben der Kirchen das Element der Unabhängigkeit auch von Unternehmensinteressen deutlich zu machen.

Zudem konnten von den Vertretern der Kirchen unter dem Blickwinkel auf das Gemeinwesens noch einmal Positionen formuliert und Sichtweisen eingebracht werden, die das Unglück und die nötigen Hilfen auch als ein Ereignis und eine Herausforderung für die Stadt und die Region erkennbar machten.

MITTE JULI 1990
Erstes Fazit der schulischen Arbeit

Nach zwei Jahren beobachtender Begleitung zieht die Stolzenbach-Gruppe ein erstes Fazit der Betreuung von Schulkindern aus betroffenen Familien. Von Anfang an wurde versucht, Hilfe anzubieten und da, wo sie gewünscht wird, konkret zu organisieren.

Kontakte werden durch Gespräche mit Müttern, mit deren Zustimmung mit Klassen- und Fachlehrern (in anderen Ortschaften meistens telefonisch) und mit Schülern selbst geknüpft. Eine wichtige Rolle spielen dabei die beiden Elternabende vom November 1988 im Schulzentrum Borken, bei denen der Psychologe der Arbeitsgruppe Stolzenbachhilfe anwesend war.

Häufig sind die Werksfürsorgerinnen Anlaufstation für Anliegen, mit denen die Schüler selbst oder ihre Angehörigen sich an die Stolzenbachhilfe wenden. Auch die Klassenlehrer sind wichtige Orientierungspersonen. Das Hilfswerk finanziert speziellen Stützunterricht, den zwei arbeitslose Lehrkräfte, zwei Studenten und verschiedene Oberstufenschüler erteilen. Ferner haben sich fünf Lehrkräfte bereiterklärt, ein Jahr lang kostenlos verschiedene Schüler zu betreuen. Während bei deutschen Schülern meistens gezielt ein Fach gefördert wird, betrifft die Förderung bei türkischen Schülern oft allgemeine

Hausaufgabenbetreuung oder Vorbereitung der Umschulung in die Türkei (z.B. Englisch-Vorbereitung).

Ein Nebeneffekt der intensiven Nachhilfe-Angebote ist, den Kindern mit den Nachhilfelehrern zusätzliche Vertrauenspersonen an die Seite zu stellen. Daneben versuchen die Helfer, bei Schullaufbahnentscheidungen, Elterngesprächen und Schulverwaltungsfragen behilflich zu sein, kurz, Eltern und Kindern möglichst viele zur Zeit nebensächliche Probleme aus dem Weg zu räumen.

Im ersten Jahr nahmen ca. 20 Schüler das Angebot der zusätzlichen schulischen Unterstützung wahr, später sind es im Durchschnitt 13. Unter anderem hat der Wegzug von türkischen Familien in ihre Heimat die Zahl reduziert.

SEPTEMBER 1990

Deutsch-Kurs für türkische Frauen

Nach einem Jahr psycho- und sozialtherapeutischer Betreuung durch die türkische Psychologin beginnt ein Deutsch-Kurs für die türkischen Frauen. Die Leitung dieses Kurses übernimmt eine junge türkische Witwe. Der Sprachkurs verfolgt zwei Ziele:

– er soll den Frauen grundlegende deutsche Sprachkenntnisse vermitteln, so daß sie in die Lage versetzt werden, alltägliche Sprachprobleme zu bewältigen;

– er soll den Frauen soziale Kompetenz geben, die Sicherheit, sich auch außerhalb der Familie behaupten und viele Dinge selbst regeln zu können, die zuvor der Ehemann übernommen hatte.

23. AUGUST 1990

Die Arbeitsgruppe konstituiert sich neu

In der Arbeitsgruppe Stolzenbachhilfe hat sich eine Reihe von personellen Veränderungen ergeben. Einige Mitglieder sind weggezogen, andere haben die Mitarbeit eingestellt, andere sind hinzugekommen. Insgesamt bewahrt aber auch die sich neu konstituierende Arbeitsgruppe ihre produktive interdisziplinäre Mischung von sozialfürsorglichen, pädagogischen, psychologischen, medizinischen und seelsorgerischen Kenntnissen und Erfahrungen.

August/September 1990
Ein exemplarischer Konflikt:
Krise in der Fallbesprechungs-Gruppe

In der Fallbesprechungsgruppe entzündet sich an einem Einzelschicksal über die Vorgehensweise bei der Betreuung eine langwierige und kontroverse Diskussion, die schnell grundsätzlichen Charakter annimmt. Diese Diskussion steht beispielhaft für eine Reihe anderer Konflikte, die im Laufe der Arbeit zwischen unterschiedlichen Interessen- oder Berufsgruppen innerhalb der Arbeitsgruppe Stolzenbachhilfe aufbrechen.

Die Ausgangssituation: Psychologe und Psychosomatiker der Arbeitsgruppe haben mit einem Betroffenen abgesprochen, die Behandlung stationär in einer psychosomatischen Klinik fortzusetzen. Zur Beschleunigung dieser Maßnahme soll sich die betreffende Person in der Psychosomatischen Ambulanz der Universitätsklinik Marburg vorstellen, die unter Leitung des Psychosomatikers der Arbeitsgruppe steht. Nach der Untersuchung wird dem Betroffenen aber – entgegen der ursprünglichen Absprache – zu einer ambulanten Therapie an der Marburger Klinik geraten.

In der Fallbesprechungs-Gruppe wird das Vorgehen des Marburger Teams scharf kritisiert – nicht nur vom Psychologen, der sich übergangen sieht. Hier sei, lautet der Vorwurf, gegen alle Absprachen und mit deutlich negativen Folgen für den Betroffenen erheblich in die geplante Therapie eingegriffen worden. Die ursprüngliche Absicht sei sogar in ihr Gegenteil verkehrt worden. Die veränderte Therapie hätte dem Betroffenen erst nach Beratung und Rücksprache mit dem betreuenden Psychologen vorgeschlagen werden dürfen. Der Psychosomatiker reagiert auf diese Vorwürfe mit dem Hinweis auf die besondere Sachkompetenz des Marburger Teams und die Therapiefreiheit des Arztes.

In der weiteren Diskussion spitzt sich die Konfrontation zwischen Psychologen und Psychosomatiker krisenartig zu.

Zeitweise ist die Zusammenarbeit in der Fallbesprechungsgruppe völlig lahmgelegt, da der Psychologe eine weitere Kooperation ablehnt.

Die Krise wird schon etwas entschärft, als sich der Psychologe schließlich bereiterklärt, die Marburger Entscheidung noch
einmal mit dem Psychosomatiker und dem Klinikteam zu besprechen. Der Konflikt löst sich schließlich in einer längeren
Entwicklung, nachdem Psychologe und Psychosomatiker eine
Reihe von Besprechungen vereinbaren, um bisherige Mißverständnisse zu überwinden und für die Zukunft ein koordinier-
tes Vorgehen bei der Betreuungsarbeit zu gewährleisten. Rückblickend erweist sich in diesem wie in ähnlichen Konflikten die
strikte Einhaltung einer Reihe von *Verhaltensregeln* als hilfreich,
auf die die Projekt-Supervisorin hinweist:

1. Eindeutige Aufgabenzuweisung für Sozialarbeiter, Psychologen, Ärzte und so weiter.
2. Klar definierte Rollenabgrenzungen, die aus dieser Aufga-
   benteilung resultieren.
3. Laufende Überprüfung, ob die festgelegten Aufgaben wahrgenommen und erfüllt werden.
4. Kritische Beurteilung der ablaufenden Prozesse und Bereitschaft, für das eigene Handeln aus den Erfahrungen und
   Beurteilungen (auch der anderen) Konsequenzen zu ziehen.

Für die praktische Umsetzung dieser Hinweise, so erkennt die
Arbeitsgruppe, ist es wichtig, im Konfliktfall Ärger offen zu
zeigen, umstrittene Punkte klar zu benennen und beiden Seiten genügend Raum zur Darstellung der eigenen Position zu
geben. Dieses offene Vorgehen führt zwar unter Umständen
zeitweilig zu einer starken Belastung der normalen Arbeit.
Aber die damit bewiesene grundsätzliche Kompromiß- und
Konsensfähigkeit stärkt letztlich die gesamte Arbeit. Am Ende
steht bei allen die Erkenntnis: Wenn man wirklich helfen will,
müssen Krisen als notwendiger Bestandteil der Zusammenarbeit angenommen und durchlebt werden.

Oktober 1990

Der Gedenkstättenentwurf und die Betroffenen

Im Oktober 1990 wird der von Unternehmen und Arbeitsgruppe gebilligte Entwurf für die Gedenkstätte den Betroffenen erläutert. Rund 50 Personen folgen der Einladung. Es herrscht konzentrierte, angespannte Aufmerksamkeit, als der wesentliche Inhalt um die Besonderheiten dieses Entwurfes durch Folien dargestellt und durch die örtliche Betriebsleitung erläutert wird.

Das Interesse an der Vorstellung ist spürbar, aber zunächst ist nicht zu erkennen, wie der Vorschlag aufgenommen und ob er akzeptiert wird. Das erstreckt sich auch auf die generelle Frage, Gedenkstätte ja oder nein. Nach der Präsentation herrscht erst einmal eine Art angeregtes Schweigen. Ohne daß es direkt ausgedrückt wird, steht am Ende der Veranstaltung ein positives Gefühl: Zustimmung zur Verwirklichung der Gedenkstätte in der vorgestellten Gestaltung.

Ein Beschluß wird gefaßt: Die Gedenkstätte soll rechtzeitig zum dritten Jahrestag des Grubenunglücks, also zum 1. Juni 1991, fertiggestellt sein. Daher erhalten die Bildhauer Hermann und Fritz Pohl und der Landschaftsgestalter Prof. Peter Prinz noch im Laufe des Oktober den Auftrag, ihren Entwurf zu realisieren.

November 1990

Wie kann man die Lebenssituation von Menschen beurteilen? Das Allardt-Verfahren

Am 29. November wird der Arbeitsgruppe Stolzenbachhilfe das Verfahren des finnischen Sozialwissenschaftlers Allardt vorgestellt, eine Arbeitshilfe zur Beurteilung der Lebenssituation von Menschen. Allardt unterteilt die Lebensbereiche des Menschen in solche des Habens, des Liebens, und des Seins. Allardt fordert, man solle den einzelnen sich selbst in allen drei Lebensbereichen beurteilen lassen. Dem Ergebnis wird gegenübergestellt, wie andere den Betreffenden einschätzen. Der Grundgedanke dabei ist, daß es keine absolute Wahrheit, keine ›wahre‹ Beurteilung eines Menschen und seiner Situation gibt. Es gibt nur die Möglichkeit, über die Verbindung mehrerer Wege eine Annäherung zu erzielen.

Die Fallbesprechungsgruppe erprobt das Verfahren zunächst an sich selbst. Aus der eigenen Erfahrung mit den Schwierigkeiten der Methode wird ein Erhebungsbogen entwickelt. Dann schätzen die Gruppenmitglieder die Lebenssituation der Witwen, der Eltern, der Geretteten und der Verletzten ein. Anschließend wird daraus ein Bild von der Selbsteinschätzung der Betroffenen entworfen. Die Fremdeinschätzung steht so der vermuteten Selbsteinschätzung gegenüber.

Damit wird im Ergebnis eine Standortbestimmung möglich und eine kritisch-selbstkritische Beurteilung der bisher geleisteten Arbeit. Produktive Fragen ergeben sich: Wo stehen wir als Helfer? Wo stehen die einzelnen Betroffenen? Und wie sollen wir mit jedem einzelnen weiterarbeiten?

DEZEMBER 1990
Spätfolgen

Aufgrund ihrer psychischen Struktur schaffen es bestimmte Menschen, ihre Betroffenheit und Verletztheit nach schweren Erlebnissen zunächst zu verdrängen. Für sie selbst und die Umgebung scheint alles in Ordnung, die Personen wirken stark und stabil.

Tatsächlich jedoch sitzen auch bei ihnen die Wunden tief. Der Konflikt bricht mit zeitlicher Verzögerung – aber fast unvermeidlich – aus, in Form psychosomatischer Störungen oder Depressionen, bis hin zur Arbeitsunfähigkeit.

Ende 1990 stößt zur Gruppe der Geretteten ein solcher Fall, ein Mitglied der Borkener Grubenwehr. Der Mann zeigt starke psychische Spätreaktionen auf seine Einsätze beim Unglück und muß deswegen sogar stationär behandelt werden. Auch aus einer auswärtigen Grubenwehr meldet sich Anfang 1991 ein Mann, der dringend behandlungsbedürftige Symptome zeigt. Der Ursprung seiner Probleme liegt eindeutig beim Einsatz in Stolzenbach. Der Mann entwickelt so starke Ängste, daß er nicht mehr einfahren und so seinen alten Beruf unter Tage nicht mehr ausüben kann.

VORWEIHNACHTSZEIT 1990
Dankbarkeit kann wieder geäußert werden

Es ist nun nicht mehr zu übersehen, daß die Gruppenarbeit bereits wichtige Ergebnisse gebracht hat. In Übereinstimmung mit ihren Mitgliedern findet die Arbeit der Verletzten-Gruppe bereits ihr Ende.

Nicht nur bei den Mitgliedern der psychologisch betreuten Gruppen, bei allen Betroffenen nimmt die Zahl derjenigen zu, die sich schon wieder so weit von sich selber lösen können, daß sie in der Lage sind, Danke zu sagen. Das bekommen in dieser dritten Vorweihnachtszeit seit dem Unglück vor allem die Werksfürsorgerinnen zu spüren.

Insgesamt ist es eine nachdenklich stimmende Zeit. Die Helfer denken gemeinsam darüber nach, ob sie sich vielleicht zu wenig um den Alltag und zuviel um die Betroffenen gekümmert haben. Es ist die alte Frage, die von außen immer wieder kam und in der ersten Zeit empört oder irritiert von der Arbeitsgruppe zurückgewiesen wurde: Warum wird im Fall des Grubenunglücks vom Juni 1988 so massiv geholfen und in Einzelfällen so wenig oder gar nicht? Jetzt erst wird die Antwort klar: Die gebrachte Hilfeleistung für eine größere Zahl von Betroffenen hat gelehrt, was in Zukunft auch in Einzelfällen zu tun ist. Als Konsequenz aus dieser Erkenntnis wird die Aufgabenstellung des Hilfswerkes Grube Stolzenbach über den Borkener Empfängerkreis hinaus erweitert.

Bei allem feststellbaren Erfolg – die Weihnachts- und Neujahrszeit zeigt, daß auch im dritten Jahr die Belastungen noch nicht vorüber sind. Das psychische ›Narbengewebe‹ ist noch sehr dünn.

15. JANUAR 1991
Golfkrieg und Borken

Mit Beginn des Golfkrieges, der die Medienberichterstattung lange dominiert, werden viele alte Ängste wach. Aber die Furcht der Helfer vor Rückschlägen in der Behandlung erweist sich als unbegründet. Aus diesen Ängsten entstehen, zumindest soweit es die betroffenen Deutschen angeht, keine nen-

nenswerten Störungen für die eigentliche Gruppen- und Ein-
zelarbeit. Gerade in dieser Zeit zeigt sich zunächst in der Sozialarbeit, dann auch in der Gruppenarbeit, wie offen die alleiner-
ziehenden Mütter nun mit ihren pubertierenden oder erwachsenen Kindern über Probleme sprechen können.

23. Januar 1991
Gymnastik-Kurs für Frauen

Teil der Rückkehr zur Alltäglichkeit ist ein Gymnastik-Kurs für
Frauen. Er beginnt am 23. Januar und soll den Teilnehmerin-
nen eine erhöhte Sensibilität für den eigenen Körper verleihen
und ihre soziale Kompetenz durch sportliche Aktivität steigern. Angesprochene deutsche Frauen sehen sich zu vielfältig
in andere Gruppierungen eingebunden. Die türkischen Frau-
en bleiben unter sich und erleben einen Schritt mehr in Rich-
tung Alltag und Autonomie.

März 1991
Das Ende für Bergbau und Kraftwerksbetrieb in Borken

In mehreren Schritten endet im März planmäßig die lange
Borkener Bergbau-Tradition. Die letzte Betriebsversammlung
findet am 5. März im Kraftwerk statt. Am 15. März erzeugt das
Kraftwerk Borken seine letzte Kilowattstunde. Endgültiger
Betriebsschluß ist am 31. März.

Jetzt liegen auch die Ecktermine für die Übergabe der
Gedenkstätte an die Öffentlichkeit fest. Zunächst bestand der
Plan, am 1. Juni 1991unter Beteiligung der Kirchen eine Feier-
stunde für Betroffene und Öffentlichkeit abzuhalten.

Von diesem Plan nehmen die Organisatoren aber bald wieder Abschied. Negative Erfahrungen mit den Medien sind
dafür der wichtigste Grund. Offizielle Übergabe unter Einbeziehung der Medien und eigentliche Gedenkfeier sollen zeitlich getrennt werden. Am 16. Mai, so die Festlegung, findet die
offizielle Übergabe statt, der 1. Juni 1991 aber ist Termin für die
Gedenkfeier.

Den Hinterbliebenen soll schon im Vorfeld die Möglichkeit
gegeben werden, die Gedenkstätte zu begehen, um sich mit ihr

vertraut zu machen. Für sie ist die Erfahrung der Gedenkstätte ein Wagnis, dem sie sich möglichst ungestört unterziehen sollen. Als die Staatsanwaltschaft vor 1½ Jahren bekanntgab, daß niemand im eigentlichen Sinne schuld ist an dem Stolzenbacher Grubenunglück, wurden die Medien vor den Betroffenen informiert. Diese verletzende Situation soll sich diesmal nicht wiederholen.

In den Gruppen und bei den Hausbesuchen der Werksfürsorgerinnen werden Termine für Anfang Mai angeboten. Die Reaktionen sind recht unterschiedlich. Einige der Betroffenen lehnen das Angebot ganz und gar ab, einige wollen mit Freunden kommen, andere allein, wieder andere bitten um Begleitung durch die Fürsorgerinnen.

Abschiednehmen vom gewohnten Arbeitsplatz durch die Schließung von Kraftwerk und Bergbau, noch einmal und endgültig Abschiednehmen von den verunglückten Angehörigen durch die Öffnung der Gedenkstätte – die Verlustthematik beschäftigt alle Betroffenen und besonders die Gruppen im März vorrangig.

April/Mai 1991
Die Phase der Neuorientierung beginnt

Die Fallbesprechungsgruppe trifft sich mittlerweile wöchentlich, um die Evaluierung, also die Einschätzung der Lebenssituation der Betroffenen nach der Methode Allardt, zügig fortzusetzen. Die Mitglieder der Fallbesprechungsgruppe haben viele Beispiele der Loslösung aus der Verzweiflung und der Rückfindung zu einem selbständigen, in die Zukunft gerichteten Lebenskonzept erlebt. Das gilt in allen psychologisch geleiteten Gruppen gleichermaßen, bei Erwachsenen wie bei Kindern, bei Frauen wie bei Männern, bei Deutschen wie bei Türken – und auch für die Betroffenen, die sich keiner der betreuten Gruppen angeschlossen haben.

Eine Mitarbeiterin des DRK, die vom ersten bewegenden Treffen der Betroffenen am 21. Juli 1988 bis jetzt die Entwicklung aktiv begleitet hat, resümiert: »Insgesamt erscheint es mir so, daß die gesamte Region die Lasten mitgetragen hat und – viele Gespräche in den Familien, die ich kenne, drehen sich immer noch um Stolzenbach und die Folgen – noch mitträgt, daß andererseits aber auch der Zeitpunkt da ist, die Betroffenen behutsam aus der Betreuung zu entlassen. Ich glaube, viele wollen jetzt ganz einfach in Ruhe gelassen werden, um sich neu orientieren zu können.«

Neben diesem allgemein günstigen Trend gibt es natürlich Einzelschicksale, die sich ungünstiger entwickeln. Die Arbeit der Stolzenbach-Helfer ist noch nicht an ihrem Ende, aber sie bekommt erneut eine andere Qualität.

MAI 1991
Zweites Fazit der schulischen Arbeit

16 Kinder erhalten weiterhin Nachhilfeunterricht, acht deutsche und acht türkische. Insgesamt sind im Schuljahr 1990/91 noch 43 Kinder aus betroffenen Familien schulpflichtig.

Es ist in dieser Phase recht schwierig, die seelische Lage der Schulkinder zu beurteilen. Die schulische Entwicklung der Kinder scheint weitgehend unauffällig zu verlaufen und entspricht größtenteils früheren Prognosen. Mögliche Leistungseinbrüche konnten durch Beobachtung der Kinder und rechtzeitige Unterstützungsmaßnahmen verhindert werden.

Hilfsangebote in Form von Nachhilfe oder von Lehrergesprächen gibt es weiterhin. Schüler oder Mütter kommen mit ihren Wünschen direkt zu den Werksfürsorgerinnen.

ANFANG MAI 1991
Erste Begehung der Gedenkstätte

Drei Termine der Werksfürsorge für eine Vorab-Besichtigung der Gedenkstätte kommen zustande: ein Vormittagstermin, ein Nachmittagstermin insbesondere für berufstätige Frauen und ein Termin für die Gruppe der türkischen Jugendlichen. 19 Erwachsene und 7 Jugendliche sehen so in Begleitung der Werksfürsorgerinnen die Gedenkstätte unter Ausschluß der Öffentlichkeit.

Von den psychologischen Betreuern werden vier Gruppen organisiert, wobei eine den türkischen Frauen vorbehalten bleibt. Die anderen drei Gruppen treffen sich vor dem Begehen der Gedenkstätte auf dem Parkplatz, um über die aufkommenden Ängste zu sprechen. Fast alle Gruppenmitglieder nehmen an den Vorbesichtigungsterminen teil.

Der schwerste Augenblick ist für die meisten der, als sie die Namen ihrer Angehörigen auf dem zentralen Bronzering finden. Viele äußern sich hinterher zwar sehr betroffen, aber auch erleichtert. Sie haben das Gefühl, in der Bewältigung ihrer Trauer durch das überstandene Wagnis, durch das Wiederaufleben der schmerzhaften Erinnerungen, einen wichtigen Schritt vorangekommen zu sein.

Ende Mai 1991
Die Kinder erleben die Gedenkstätte

Beeindruckend ist, wie die Kinder bei einem speziellen Kindergruppentermin auf die Gedenkstätte reagieren. Begleitet vom deutschen Psychologen und der türkischen Psychologin der Arbeitsgruppe schauen sie sich interessiert die in Stein gehauenen Darstellungen aus dem Leben der Bergleute an. Am stärksten zieht es dann aber alle zu dem Bronzering, auf dem sie den Namen ihres Vaters suchen. Fast alle Kinder fassen die Buchstaben des Namens an und versuchen, auf ihre Weise das Geschehene zu »begreifen«.

Die Kinder stellen viele Fragen zu Einzelheiten, etwa wo der Eingang zur Grube gewesen ist, wo das Haus gestanden hat, in dem sich die Väter umzogen, und ähnliches. So ist es für die Kinder leichter nachzuvollziehen, was am Unglücksort geschehen ist.

Nach dem Anschauen der Gedenkstätte wird den Kindern in den Räumen der Werksfürsorge noch Gelegenheit gegeben, ihre Gedanken und Gefühle in Bildern auszudrücken. Auffällig ist, daß bei jedem Kind der Bronzekreis mit den Namen der Väter wohl den stärksten Eindruck hinterlassen hat.

Die Gedenkstätte auf dem Gelände der ehemaligen Grube Stolzenbach ist landschaftsplanerisch so angelegt, daß sie im Laufe der Jahre
mehr und mehr ein Teil der umgebenden Landschaft wird.

Gedenkstätte Stolzenbach, Bronzering: Ein zwölfteiliger Bronzering symbolisiert die Lebens-Uhr. Umgeben ist er von einem Kreis aus 12 Bergahornbäumen. In den Ring sind die Namen aller im Borkener Braunkohlerevier verunglückten Bergleute eingraviert. Dazu ein Spruch: »Die Toten sind Teil unseres Lebens, so wie jeder Teil der Natur dem Leben dient / Vergänglichkeit ist unser aller irdisches Los, und doch ist das Leben nicht mit dem Tode des einzelnen beendet.«

Gedenkstätte Stolzenbach, Detail: Eine Gesteinsschichtenfolge aus Züschener Sandstein zeigt bildhauerisch gestaltete Motive aus dem Bergwerksalltag. Im Bild: Die heilige Barbara hält schützend ihre Hand
über einen unter Tage eingeschlossenen Bergmann.

16. Mai 1991
Öffnung der Gedenkstätte für die Öffentlichkeit

Auf dem rekultivierten ehemaligen Zechenhof übergibt die
PreussenElektra die Gedenkstätte an die Öffentlichkeit. Neben
den Opfern des Unglücks vor drei Jahren, so der Bergwerksdi-
rektor in seiner Ansprache, ist die Gedenkstätte allen tödlich
Verunglückten in der knapp 70jährigen Bergbaugeschichte
Borkens gewidmet. Vorgestellt wird das Konzept der Gedenkstätte von den Künstlern, die sie entworfen und ausgeführt
haben. Der Bildhauer Hermann Pohl bezeichnet sein Werk als
Zeichen der Vergänglichkeit menschlichen Tuns. Das spiegelt
sich bis hinein in die landschaftsplanerische Gestaltung. Im
Lauf der Jahre soll eine naturnahe Landschaft mehr und mehr
Besitz von diesem Platz nehmen. »Ich bin traurig und beru-
higt«, faßt eine Vertreterin des türkischen Generalkonsulats
nach der Besichtigung ihren Eindruck zusammen.

Ende Mai 1991
Drei Jahre danach: Stand der psychologischen Betreuungsarbeit

Die laufenden Vorbereitungen für den dritten Jahrestag des
Unglücks schaffen Anlaß für ein Resumee der bisher geleisteten psychologischen Betreuungsarbeit und ihrer Ergebnisse:

Deutsche und türkische Frauen, Mütter und Väter
Der Trauerprozeß im engeren Sinne ist für die meisten Hinterbliebenen inzwischen erfolgreich durchlaufen. Es tauchen jedoch bei jedem einzelnen immer wieder Situationen auf, in
denen Verlust-, Schmerz- und Trauergefühle aufleben. Persönliche Erinnerungstage wie Geburtstag oder Hochzeitstag können beispielsweise der Auslöser sein. Während der vergangenen Monate wurde vor allem in der türkischen Frauengruppe
durch den Golfkrieg starke Betroffenheit ausgelöst. (Tod, Verlust, Katastrophenerlebnis, Angst, Wut, Hilflosigkeit).
    Angespannt verfolgt werden die Vorbereitungen auf den 1.
Juni, den dritten Jahrestag des Unglücks. Hieran und an der

Aufmerksamkeit, die der Fertigstellung der Gedenkstätte gewidmet wird, zeigt sich deutlich, wie dünn die Narben über den traumatischen Erlebnissen vom Juni 1988 noch sind. Kleinste Anlässe reichen hier schon aus, um starke Gefühlsausbrüche, je nach psychischer Disposition in Form von Aggression oder Depression, hervorzurufen. Aus den Reaktionen anderer von Unglücken oder Katastrophen Betroffener ist bekannt, daß solche Reaktionen noch über viele Jahre festzustellen sein werden.

Wie zu beobachten ist, entsteht bei den Hinterbliebenen, verglichen mit der Allgemeinbevölkerung, ein verstärktes Mitgefühl jedesmal dann, wenn ein Unglück im Verwandten- oder Bekanntenkreis vorkommt, oder auch nur durch Presseberichte nachvollzogen wird. Zusätzlich zum Mitgefühl werden oft wieder eigene Trauerprozesse reaktiviert. Zum Teil relativiert sich so etwas von dem, was man selbst durch den Verlust des Partners oder Sohnes erlitten hat. Mehr und mehr sind Versuche der Hinterbliebenen erkennbar, von der durch die Überwindung der eigenen Hoffnungslosigkeit neu entdeckten Stärke anderen etwas abzugeben.

Viele Frauen haben für sich neue Lebensperspektiven entwickelt. Einige sind eine neue Partnerschaft eingegangen, andere haben eine neue Berufsausbildung begonnen, engagieren sich bei Hausrenovierungen oder entdecken neue Beschäftigungen und Hobbies. Der Schwerpunkt der psychologischen Arbeit lag in den vergangenen Monaten auf der Entwicklung neuer sozialer Rollen, etwa als alleinerziehende Mutter oder als Frau in einer Berufsausbildung. Daraus entstehen neue Probleme:

- anfängliche Unsicherheiten mit der neuen Rolle
- Angst vor Überforderung
- Reaktionen der Kinder, Eltern, Freunde auf das neue Rollenverhalten
- neu erlangtes Selbstbewußtsein und Selbstvertrauen.

Viele Frauen erleben sich selbst durch die neu erworbene Selbständigkeit und Selbstverantwortlichkeit inzwischen als deutlich verändert und weiterentwickelt. Auch in der türkischen Frauengruppe wird diese Tendenz durch gezieltes Einüben psychologischer Selbstsicherheitstechniken gefördert.

Drei Jahre nach dem Unglück: Gökhan, 10 Jahre alt, zeichnet die
Gedenkstätte Stolzenbachhife. Bei seinem Besuch der Gedenkstätte
hat Gökhan eine ganz besondere Form der Kontaktaufnahme mit
seinem tödlich verunglückten Vater gewählt. Seine Mutter hatte
Gökhan zuvor eingeschärft, sich auf dem Gelände der Gedenkstätte
anständig zu benehmen und sich auf keinen Fall auf den Bronzering mit dem Namen seines Vaters zu setzen. Gökhan aber geht
zielstrebig auf den Bronzering zu, sucht den Namen seines Vaters
und setzt sich direkt darauf – mit zufriedenem, beruhigtem Gesicht.
Auf die Frage, wie er sich jetzt fühlt, antwortet er mit einem befrei-
ten Lächeln: »Guuut.« Mit einem sicheren Gespür dafür, was er für
seine Trauerbewältigung braucht, setzt sich Gökhan über das Verbot der Mutter hinweg. Allerdings ist das Verbot nicht gänzlich
unwirksam. Es setzt sich im Bild um, als ein besonderes Verbots-
schild, das Gökhan für die Gedenkstätte erfindet: »nicht drauf setzen!«

Die Gruppe gilt dabei als wichtiges Regulativ, die Betonung liegt auf Planung und Verwirklichung individueller Ziele. So ist für die eine Frau die Überwindung ihrer Angst vor dem ersten Kauf eines neuen Kleidungsstückes seit zweieinhalb Jahren ein ebenso bedeutsamer Schritt wie für eine andere der Vorstellungstermin beim Arbeitsamt für eine Berufsausbildung.

Bei dieser Gruppe von Frauen wird es in den kommenden Monaten darum gehen, sie in ihrer positiven Entwicklung weiter psychologisch zu stärken, aufkommende Problemsituationen in der Gruppe zu besprechen und ihre Selbständigkeit weiter zu fördern.

Ein kleiner Teil der Frauen hat heute noch mit so großen Problemen zu kämpfen, daß eine intensive individuelle psychologische Betreuung weiterhin vonnöten ist.

Hier war meist das Grubenunglück zusätzlich zu dem schwer faßbaren und verkraftbaren Verlust des Partners oder Sohnes Auslöser für vorher verborgene intrapsychische Konflikte oder ungelöste Beziehungsprobleme.

Wie lange die Arbeit mit dieser Gruppe noch andauern muß, ist zur Zeit noch nicht eindeutig absehbar, da viele unkalkulierbare Faktoren die weitere Entwicklung beeinflussen.

Die meisten Witwen, Mütter und Väter haben für sich nicht nur den größten Teil der Trauerbewältigung erfolgreich hinter sich gebracht, sondern sich auch solide und realistische weitere Lebensperspektiven erarbeitet. Die psychologische und soziale Betreuung ist hier sehr gut wirksam geworden. Persönliche Reifung und Entwicklung werden von den Betroffenen auch meistens eng mit eben dieser Betreuung in Verbindung gebracht.

Deutsche und türkische Kinder

Zwei deutsch-türkische Kindergruppen für verschiedene Altersstufen bestehen, die unter Einsatz spieltherapeutischer Elemente geleitet werden. Spielelemente sind unter anderem Pfeilwerfen, Fußballspiel, Billardspiel, Gesellschaftsspiele, Spiele mit aggressiven Elementen (z. B. Boxen), Rollenspiele aus dem Alltag, kreative Methoden (z. B. Malen, Ton).

Diese Spiele dienen einerseits diagnostischen Zwecken und liefern Beurteilungsgesichtspunkte für Ausdauer, Konzentration, Flexibilität, Denkfähigkeit an die Hand. Andererseits sol-

len sie den Kindern die Möglichkeit bieten, in einer vertrauten
Situation die eigenen Gefühle auszudrücken und zu erleben.

Problematische Verhaltensweisen der Kinder und Auffälligkeiten in der psychischen Entwicklung als Reaktion auf den
Verlust des Vaters können somit immer direkt beobachtet und
später mit den Müttern besprochen werden. Die Kinder leisten
Trauerarbeit oft zu unerwarteten Zeitpunkten, indem sie Bilder malen oder in der Gruppe vom Tod eines Haustieres berichten.

Vor kurzer Zeit erst haben sich zwei Mütter mit Kindern
gemeldet, die über zweieinhalb Jahre lang nicht vom Tod des
Vaters gesprochen haben. Sie entwickeln jetzt Spätreaktionen
in Form von starken Ängsten oder Aggressionen, so daß eine
kindertherapeutische Behandlung notwendig ist.

Die bisher betreuten Kinder zeigen zur Zeit keine starken
Auffälligkeiten. Ob und in welchem Umfang mit weiteren
Spätreaktionen bei Kindern zu rechnen ist, wird die Entwick-
lung in den nächsten Monaten zeigen.

Verletzte und Gerettete
Die Arbeit mit der Verletzten-Gruppe ist seit Dezember 1990
eingestellt. Die Gruppe hatte einen Stand erreicht, in dem das
Unglück selbst und dessen Folgen für das Leben des einzelnen
(Arbeitsunfähigkeit, langandauernde körperliche Beschwerden) in ausreichender Weise besprochen waren. In den letzten
Monaten des vergangenen Jahres waren besonders die Auswirkungen von Arbeitsunfähigkeit und frühzeitiger Verren-
tung auf das familiäre Zusammenleben besprochen worden.
Ausführlich bearbeitet wurden dabei auch Tendenzen zum
sekundären Krankheitsgewinn, im Sinne von:»Wenn ich schon
so etwas Schlimmes erlebt habe, steht mir auch eine Entschädigung zu«. Diese Grundhaltung kann Auswirkungen sowohl
im Berufsleben (Rentenanspruch) als auch im privaten Bereich
haben (Versorgungsanspruch an die Ehefrau oder andere
Familienmitglieder).

Das Entstehen solcher psychischer Strukturen mit den damit zusammenhängenden psychosomatischen Krankheitsbil-
dern, und in besonderem Maße das neurotische Festhalten
daran, wurde ausgiebig behandelt. Bei den meisten Gruppenmitgliedern ist erreicht, daß sie ihre körperlichen und geistigen

Kräfte und Einschränkungen als Folge des Unfalls realistisch
einschätzen können. Das Angebot, sich bei Schwierigkeiten
individuell melden zu können, besteht und wird von einzelnen wahrgenommen.

Die Arbeit mit der Gruppe der Geretteten läuft weiter und
wendet sich anderen Themen zu als bisher.

Psychologisch betreute Gruppen (Stand: April 1991)

Zur Zeit bestehende Gruppen:
Witwen I
Witwen II
Türkische Witwen
Mütter, Väter
Kinder I
Deutsche und türkische Kinder I
Deutsche und türkische Kinder II
türkische Jugendliche
Gerettete

Abgeschlossene Gruppen
Betriebsangehörige
Grubenwehr
Verletzte

Türkische Betroffene
Die psycho- und soziotherapeutische Betreuung der türkischen
Betroffenen wird weiterhin auf mehreren Ebenen geführt:

In Gruppen und Einzelgesprächen mit Frauen, Jugendlichen und Kindern

In der Zusammenarbeit mit Institutionen (z. B. Schulen,
Arztpraxen, AWO, Beratungsstellen, etc.)

Die Frauengruppe trifft sich regelmäßig nach dem Deutsch-
Kurs, der von einer türkischen Witwe geleitet wird, einmal in
der Woche. Die Fortschritte der Kursteilnehmerinnen beginnen, sich im Alltag positiv auszuwirken.

Statistik der Betreuungsarbeit vom 1.6.1990 – 31.5.1991

Anzahl der Gruppentreffen	82
Anzahl der Einzelgespräche	
mit Erwachsenen	183
mit Kindern	80
Kontakte mit Institutionen	28
Hausbesuche der Werksfürsorge	
Zahl der Betreuten	70
Zahl der Hausbesuche	140

Das 4. Jahr | *Ende des Hilfsprogramms – Ende der Hilfe?*

1. Juni 1991
Gedenkfeier auf dem Grubengelände

Zum ersten Mal kann die Gedenkfeier für die Opfer des 1. Juni 1988 am Platz des Geschehens stattfinden, auf dem Gelände der ehemaligen Grube Stolzenbach. Hierbei wird aller im Borkener Braunkohlenrevier verunglückten Bergleute gedacht. Nur wenig erinnert an der Unglücksstelle noch an den Bergbaubetrieb, alle Gebäude sind vollständig abgerissen, die unterirdischen Bauten verfüllt.

Wiederum feiern Muslime und Christen gemeinsam. Der Imam erinnert mit Blick auf die Gedenkstätte an das Wort des Propheten Mohammed: »Besucht Gräber. Die wahren Gräber zu besuchen, erinnert euch an das jenseitige Leben.« Der evangelische Pfarrer schlägt in seiner Ansprache die Brücke zwischen der Situation der Hinterbliebenen und dem Konzept der Gedenkstätte: »Und so wie diese Gedenkstätte, so wie es von den Erbauern gedacht ist, langsam, nach und nach, vom Leben in Besitz genommen werden soll, ..., so wünsche ich uns allen, daß auch von uns, vor allem aber von Ihnen, den Hinterbliebenen, das Leben weiterhin Besitz ergreift.«

September 1991
Endet die Betreuung nach Ablauf des 3-Jahres-Hilfsprogramms?

Das Ende des auf drei Jahre angelegten Hilfsprogramms ist erreicht. Damit stellt sich für die Arbeitsgruppe Stolzenbachhilfe die Frage: Ist die Arbeit abgeschlossen, oder was sollte nun weiterhin getan werden? Aus der Diskussion der Gruppe entstehen Vorschläge an das Hilfswerk.

Nach Auslaufen der intensiven Gruppen- und Einzelbetreuung Ende 1991 könnte, so ein Vorschlag, eine feste psychologische Sprechstunde mit folgenden Zielsetzungen angeboten werden:

1. Bearbeitung neu auftauchender Themen;
2. Weiterführung einiger schwerwiegender Therapiefälle, bei denen weitere therapeutische Maßnahmen notwendig sind;

3. Auffangen von Spätreaktionen bei Kindern, Jugendlichen und Erwachsenen;
4. fachlicher Austausch mit Lehrern, Ärzten, Werksfürsorgerinnen, Psychologen, Pfarrern.

Wesentlich scheint der Arbeitsgruppe, daß die Hausbesuche der Werksfürsorgerinnen fortgesetzt werden. Die Werksfürsorgerinnen sind längst Ansprechpartner für viele alltägliche Probleme geworden.

Auch für die meisten der anderen Mitglieder der Arbeitsgruppe gibt es gute Gründe, nicht abrupt die Arbeit einzustellen, sondern sie über einen längeren Zeitraum auslaufen zu lassen. Ein Gedanke ist dabei, die von den einzelnen erworbenen Erfahrungen noch für besondere Fälle oder unerwartete Entwicklungen nutzbar zu halten.

Nachbetreuung

Aus der Psychotherapieforschung ist bekannt, daß es bei mehrjährig Betreuten gerade dann Einbrüche und Rückfälle gibt, wenn die Betreuung von heute auf morgen beendet wird – sogar bei Personen, die als besonders stabil eingeschätzt worden waren. Wichtig erschien der Arbeitsgruppe Stolzenbachhilfe daher das Angebot einer Nachbetreuung im Anschluß an das eigentliche, auf 3½ Jahre begrenzte Betreuungsprogramm. Die Nachbetreuung erhielt die Form eines regelmäßigen Sprechstundentages pro Woche für die Betroffenen, um drohende psychische Einbrüche rechtzeitig aufzufangen, bevor »das Kind in den Brunnen gefallen ist«. Allein das Vorhandensein einer solchen Möglichkeit gibt den Betroffenen erfahrungsgemäß die notwendige Sicherheit für eine weitere aktive Lebensgestaltung auch bei Rückschlägen und den Initiatoren der Hilfsmaßnahmen die Gewähr, die bestmöglichen Voraussetzungen für eine geglückte Bewältigung des Unglücks geschaffen zu haben.

Die Frage nach der Dauer einer solchen Nachbetreuungsmaßnahme läßt sich schwer mit einer exakten Zeitangabe beantworten. Für die *Kinder* war im Hilfsprogramm festgelegt worden, die Entwicklung über 10 Jahre im Auge zu behalten. Dafür erschien das regelmäßige Gesprächsangebot an die Mütter am sinnvollsten. Wie die Praxis im 4. Jahr zeigte, nahmen und nehmen die Mütter bei Erziehungsproblemen, Spätreaktionen auf das Unglück und Spätfolgen auf den Verlust des Vaters gern die psychologische Betreuung an.

Für die *Witwen-Gruppen,* die *Mütter-Väter-Gruppe* und die *Geretteten-Gruppe* war 1992 ein regelmäßiges, etwa alle drei Monate stattfindendes Treffen vereinbart worden. Über das Jahresende 1992 hinaus ist ein regelmäßiges, aber nur noch einmal jährlich stattfindendes Treffen der Gruppen durchaus sinnvoll. Zum einen kann dadurch die weitere Entwicklung der Betroffenen direkt beobachtet werden, eventuelle Kurskorrekturen bleiben möglich. Zum anderen haben die Betroffenen so auf lange Sicht das Gefühl, gemeinsam an einer Sache zu tragen, nicht allein dazustehen, nicht vergessen zu sein und sich gegenseitig stützen zu können. Um das erlebte Trauma nicht zu groß werden zu lassen und das Gefühl zu erhalten, weiterhin aktiv etwas zu dessen Verarbeitung zu leisten, sind solche Treffen außerordentlich wichtig. Die Geretteten des Bergwerksunglücks in Lengede treffen sich noch heute, mehr als 25 Jahre nach dem Unglück, regelmäßig – ein Zeichen dafür, daß das Erleben und Überleben einer Katastrophe das ganze Leben prägt.

DEZEMBER 1991

Standortbestimmung: 3½ Jahre Hausbesuche durch die Werksfürsorgerinnen

In einem Rückblick auf die Arbeit der vergangenen 3½ Jahre stellen die Werksfürsorgerinnen fest, daß ihre Hausbesuche fast unmerklich einen anderen Charakter bekommen haben. Das Thema Grubenunglück tritt immer stärker in den Hintergrund, andere Sorgen und Alltagsprobleme bestimmen wieder die Gespräche.

Parallel dazu hat die Häufigkeit der Hausbesuche abgenommen. Die Betreuten haben gelernt, selbst die Werksfürsorgerinnen aufzusuchen oder viele Dinge selbständig zu erledigen.

DEZEMBER 1991

Jahresabschlußtreffen mit besserer Resonanz

Zum vierten Mal werden im Dezember 1991 alle Betroffenen zu einem Jahresabschlußtreffen miteinander und mit der Arbeitsgruppe Stolzenbach-Hilfe eingeladen. Erfreulich ist die

gegenüber den Vorjahren deutlich erhöhte Teilnehmerzahl. Der
kleine Saal des Borkener Bürgerhauses ist mit rund 90 Personen fast voll besetzt. Erschienen sind neben den deutschen und
türkischen Frauen auch Eltern, die sonst noch nie an einer der
vielen Veranstaltungen teilgenommen haben. Das Vertrauensverhältnis zwischen Betreuern und Betroffenen scheint jetzt
unbelasteter, entspannter zu sein.

ENDE DEZEMBER 1991
Das Kuratorium löst sich auf

Bis Ende Dezember 1991 sind rund 2,5 Millionen DM an Spen-
dengeldern auf dem Konto des Kuratoriums »Hilfsfonds Grubenunglück Stolzenbach« eingegangen. Alle Spenden konnten
voll, ohne Abzug von Verwaltungskosten, an die Opfer und
Hinterbliebenen weitergegeben werden.

In der Kuratoriums-Satzung steht: »Das Kuratorium löst
sich auf, wenn sein Zweck erfüllt ist. Es genügt, daß die zweckentsprechende Mittelverwendung aufgrund längerfristiger Vorkehrungen gewährleistet erscheint.« Nach nunmehr 3½-jähri-
ger Tätigkeit sieht das Kuratorium diesen Umstand als gegeben an und beschließt seine Auflösung.

Jahr	Zahl der Betreuten	Hausbesuche der Werksfürsorgerinnen
1988*	74	267
1988/89	75	335
1989/90	75	174
1990/91	70	140
1991**	63	61

* = 3.6.1988 bis 31.12.1988
** = 1.6.1991 bis 31.12.1991

Ergebnisse der Betreuungsarbeit

1. Die Erhebungsinstrumente

Um die Situation der Betroffenen des Grubenunglücks nach dreijähriger psychosozialer Betreuung einschätzen zu können, beschloß die Arbeitsgruppe Stolzenbachhilfe, eine umfassende Beurteilung der aktuellen Lebensumstände vorzunehmen. Dabei stand das therapeutische Interesse des »Wahrnehmens« im Vordergrund: Haben wir jemanden »vergessen«? Wo kann noch geholfen werden? Aufgrund negativer Vorerfahrungen, was die Akzeptanz direkter Interview- oder Fragebogenverfahren bei den Betroffenen angeht, wurde eine indirekte Methode der Befragung gewählt.

Die Fallbesprechungsgruppe orientierte sich daher, wie schon oben beschrieben (S. 111) an einer Methode des finnischen Sozialwissenschaftlers Eric Allardt zur Einschätzung der Lebenssituation von Menschen. Allardt schlägt Beurteilungskriterien zum Thema »Wohlbefinden, Lebensqualität und Gesundheit« vor und unterteilt dafür die Grundbedürfnisse des Menschen in solche des Habens, solche des Liebens und solche des Seins.

Der zu Beurteilende wird bei der Allardt-Methode aufgefordert, seine eigene Lebenssituation in diesen drei Bereichen selbst einzuschätzen. Dann beurteilen Mitmenschen aus ihrer Sicht dieselbe Lebenssituation. Hinter diesem Verfahren steht die Erkenntnis, daß es so etwas wie die objektive Wahrheit über die Lebenssituation eines Menschen nicht geben kann. Vielmehr gibt es Annäherungen, die sich aus einer Mischung von Selbst- und Fremdwahrnehmung erschließen lassen.

Die Fallbesprechungsgruppe modifizierte das Verfahren und verzichtete bewußt auf die Selbsteinschätzung der Betroffenen. Zunächst erprobten die Gruppenmitglieder das Allardtsche Instrumentarium an sich selbst. Dies bildete die Basis für die Erarbeitung eines Erhebungsbogens, mit dem die Gruppenmitglieder dann gemeinsam vermutete Selbsteinschätzungen der Betroffenen vornahmen.

Die Fallbesprechungsgruppe bestand aus drei Sozialbetreuerinnen (zwei Deutsche, eine Türkin), einem Pfarrer, zwei Psychologen (ein Deutscher, eine Türkin) und einem Mediziner. Diese Gruppe nahm eine Einschätzung der Lebenssituation der jeweiligen Hauptbezugsperson – Ehefrauen, Lebenspartner, Eltern – eines jeden tödlich verunglückten Bergmanns vor. Ebenso wurde die Situation der sechs Geretteten und der acht Verletzten beurteilt.

So entstanden eine *Fremdwahrnehmung* und eine *(vermutete) Selbstwahrnehmung* für jeden Betroffenen. *Fremdwahrnehmung* bedeutete die auf einen Nenner gebrachten Einschätzungen der Betreuer (wie schätze ich als Betreuer die Situation des Betroffenen ein?). *Selbstwahrnehmung* hieß die von den Betreuern/Therapeuten bei den Betroffenen wahrgenommene Selbsteinschätzung ihrer Lage (Wie glaube ich als Betreuer, würde der Betreute sich einschätzen?)

Dieses Vorgehen schien dadurch gerechtfertigt, daß die Betreuer die Lebenssituation der Hinterbliebenen des Grubenunglücks aufgrund des engen sozialen Netzes in Borken und der Intensität der Betreuung sehr genau kannten. Das soziale Netz umfaßt alle Gruppen, die in der »Arbeitsgruppe Stolzenbachhilfe« zusammengeschlossen sind: die Werksfürsorge der PreussenElektra, die Borkener Betriebsleitung, Vertreter der Hauptverwaltung und des Betriebsrats, die psychologische Betreuung, Kirche, Schule, DRK, niedergelassene Ärzte, den Psychosomatiker aus Marburg.

Bei den drei Grundbedürfnissen wurde im Einzelnen erfaßt:

HABEN: Besitz, Wohnverhältnisse, Arbeitsplatz, Arbeitsbedingungen, Gesundheit, Ausbildung

LIEBEN: Verwurzelung in der Gemeinde, in der religiösen Gemeinschaft, in der Familie, in der Partnerschaft, in Freund-

schaften, in Vereinen/Organisationen, Verhältnis zu Arbeitskollegen oder Mitschülern

SEIN: Teilhabe an Lebensentscheidungen, an politischen Entscheidungen, an Freizeit und Muße, an sinnvoller Arbeit, an
Freude an der Natur.

Die Einschätzung der Trauerbewältigung geschah mit Hilfe
der sieben-stufigen Skala »Phasen der Trauerbewältigung« (Pie-
per/Schwarz et al. 1991). Die sieben Phasen sind:

Phase	Verhalten
1. pathologische Trauerbewältigung	vermeiden
2. sehr schwierige Trauerbewältigung	umgehen
3. problematische Trauerbewältigung	sträuben
4. durchlaufene Trauerbewältigung	hinnehmen
5. gelingende Trauerbewältigung	suchen
6. gut gelungene Trauerbewältigung	ausprobieren
7. voll gelungene Trauerbewältigung	lösen/verwirklichen

In der Regel durchläuft jede betroffene Person alle oben aufgeführten Phasen in der Reihenfolge von 1 bis 7.

Phase 1: vermeiden
Die Person vermeidet unbedingt die Auseinandersetzung mit
dem Unglück, sie will den Verlust nicht wahrhaben.
    Alltagsanforderungen werden kaum bewältigt; die Person
schließt sich von der Umwelt ab.
    Sie zeigt ein voll ausgeprägtes PTSD, kann kaum entspan-
nen, hat keine Perspektive für ein eigenständiges Leben, lebt
vollständig in der Vergangenheit.

Phase 2: umgehen
Die Person vermeidet die Auseinandersetzung mit dem Unglück, sie hat den erlittenen Verlust nicht verarbeitet.
    Sie bewältigt lediglich die wichtigsten Alltagsanforderun-
gen und zieht sich weitgehend zurück. Sie zeigt deutliche
Anzeichen von PTSD und starke Somatisierung, ist im Freizeit-
bereich überaktiv oder gelähmt, hat wenig bis keine Zukunftsperspektive.

Phase 3: sich sträuben
Die Auseinandersetzung mit dem Unglück wird möglichst vermieden; die Person sträubt sich dagegen, den Verlust zu akzeptieren.

Alltagsanforderungen werden weitgehend bewältigt; Kontaktaufnahme von anderen wird vorwiegend als störend empfunden.

Die Person zeigt Anzeichen von PTSD und phasen- oder problemabhängiges Somatisieren, gönnt sich keine Freizeit, hat kein Interesse an einer Zukunftsperspektive.

Phase 4: hinnehmen
Die Auseinandersetzung mit dem Unglück und den eigenen Gefühlen wird als notwendig anerkannt, der Verlust hingenommen.

Alltagsanforderungen werden bewältigt, Kontaktaufnahme von anderen wird zugelassen.

Die Person ist initiativlos und anfällig für Erkrankungen, nimmt passiv an Freizeitgestaltung und Entspannung teil (zum Beispiel Fernsehen), hat wenig Zukunftsperspektiven für sich selber, eventuell aber stärkere Perspektiven für die eigenen Kinder.

Phase 5: suchen
Die Person sucht die Auseinandersetzung mit dem Unglück und den eigenen Gefühlen und bemüht sich, den Verlust zu begreifen.

Alltagsprobleme werden aktiv angegangen, Kontakte allgemein gesucht. Die Person achtet auf Alarmzeichen des Körpers, sucht nach Möglichkeiten, es sich »besser gehen zu lassen« und nach (neuen) Möglichkeiten der Freizeitgestaltung und Entspannung. Sie hat eine Zukunftsperspektive in der Phantasie, jedoch weder Kraft noch Mut, diese umzusetzen.

Phase 6: ausprobieren
Die Auseinandersetzung mit dem Unglück ist weitgehend abgeschlossen. Die Person versucht, sich als »verlassen« zu akzeptieren.

Bei Alltagsproblemen werden neue Lösungen ausprobiert;

die Person ist offen für neue Kontakte oder nimmt alte Beziehungen wieder auf.

Sie probiert aktiv neue Lebensqualitäten aus, nimmt alte Freizeitaktivitäten wieder auf und probiert neue. Sie hat eine Zukunftsperspektive und unternimmt erste Schritte zu deren Verwirklichung.

Phase 7: lösen/verwirklichen
Die Auseinandersetzung mit dem Unglück ist abgeschlossen. Die Erinnerungen an das Unglück können hervorgeholt und aktiv »beiseite« gestellt werden.

Die Person akzeptiert den Verlust und hadert nicht mit dem Schicksal. Sie hat Eigenständigkeit in der Bewältigung von Alltagsproblemen erreicht und nimmt aktiv Kontakte mit neuem Rollenverständnis auf.

Traurigkeit kann gelebt werden, neuer Lebenswille wächst. Die Person gestaltet ihre Freizeit aktiv, hat eine neue Lebensperspektive entwickelt und beschäftigt sich mit deren Verwirklichung.

Entwicklungs-Stillstand bei	*Trauerbewältigung wird bezeichnet als*[*)]
Phase 1	pathologisch
Phase 2	sehr schwierig
Phase 3	problematisch
Phase 4	durchlaufen
Phase 5	gelingend
Phase 6	gut gelungen
Phase 7	voll gelungen

*)Die Grundlage für diese Phaseneinteilung bilden die Arbeiten von Lindemann (1944; 1985), auf deren Basis die Arbeitsgruppe Stolzenbachhilfe für ihre Praxis eine eigene, pragmatisch orientierte Einteilung vorgenommen hat.

Bleibt die Entwicklung einer Person nach der Experteneinschätzung bei Phase 1, 2 oder 3 stehen, sprechen wir von einer unzureichenden oder nicht erfolgreichen Trauerbewältigung.

2. Die Ergebnisse

Im ersten Halbjahr 1991 wurden die oben beschriebenen Einschätzungen erstmals vorgenommen. In eine erste Einschätzung waren 63 Hauptbetroffene einbezogen, und zwar zunächst

30 deutsche Witwen
11 türkische Witwen
22 Mütter/Väter, darunter ein türkisches Ehepaar

Zusätzlich wurden die 8 Verletzten und die 6 Geretteten in ihrer Lebenssituation eingeschätzt.

Es ergab sich folgendes Bild:

*Verarbeitung des Unglücks und der
damit verbundenen Folgen:*

erfolgreich	76	Prozent
nicht erfolgreich	24	Prozent

Alltagsbewältigung und Kontaktaufnahme

erfolgreich	98	Prozent
nicht erfolgreich	2	Prozent

Körper/Psyche

erfolgreich	93	Prozent
nicht erfolgreich	7	Prozent

Freizeit/Entspannung

erfolgreich	98	Prozent
nicht erfolgreich	2	Prozent

Aufbau einer Zukunftsperspektive

erfolgreich	85	Prozent
nicht erfolgreich	15	Prozent

Bis Mitte 1991 hatten also rund zwei Drittel der 63 engsten Bezugspersonen der tödlich Verunglückten den Verlust – nach der oben beschriebenen Definition – bewältigt.

In den Bereichen Alltagsbewältigung/Kontaktaufnahme sowie Freizeitaktivitäten und Entspannung konnte bei nahezu allen Betroffenen (98 %) eine erfolgreiche Entwicklung festgestellt werden.

Der Aufbau einer neuen Zukunftsperspektive gelang rund 85 Prozent der Betroffenen. 15 Prozent hatten überhaupt noch keine Zukunftsperspektive für sich entwickelt. Von den Verletzten hatten 63 Prozent das Unglück erfolgreich verarbeitet, von den Geretteten 83 Prozent.

Bei der Überwindung des PTSD waren 93 Prozent aller Betroffenen erfolgreich. Das bedeutet, sie reagierten nicht mehr körperlich/psychisch in pathologischer Form auf das Unglücksgeschehen. Dieser Befund bedeutet jedoch nicht, daß jegliche körperlichen oder psychischen Krankheitsmerkmale oder Anfälligkeiten, die als Folgen des Unglücks interpretiert werden können, bei dieser Gruppe fehlen. Vielmehr können 93 Prozent der Betroffenen mit solchen Störungen jetzt adäquat umgehen: Sie achten auf Alarmzeichen ihres Körpers, suchen bei Bedarf Behandlungen auf, können Traurigkeit und depressive Phasen anerkennen und überwinden.

Die Gruppe von 15 Personen, die das Unglück beziehungsweise den erlittenen Verlust nicht vollständig bewältigt hatten, soll im folgenden kurz näher betrachtet werden.

Sie setzte sich zusammen aus 8 Eltern und 7 Witwen, entsprechend 40 Prozent aller Eltern beziehungsweise 24 Prozent aller Witwen.

Die Elterngruppe zeigte deutlich schlechtere Werte in der Trauerbewältigung als die Witwengruppe. Daraus darf nicht fälschlich der Schluß gezogen werden, daß für die Witwen der Verlust weniger schwer gewesen wäre als für die betroffenen Mütter und Väter. Festzuhalten bleibt jedoch, daß die Trauerbewältigung für die Eltern entweder konfliktreicher oder doch zumindest langsamer verläuft.

12 Personen aus dieser Gruppe waren Deutsche (entsprechend 24 Prozent aller betroffenen Deutschen), drei waren Türken (23 Prozent aller betroffenen Türken). Türken und

Deutsche wiesen demnach prozentual ähnliche Werte in der Trauerbewältigung auf.

Untersucht man, wieviele der 15 Betroffenen mit unvollständiger Trauerbewältigung an dem zusätzlich zur sozialen Betreuung angebotenen psychologisch-therapeutischen Programm teilnahmen, ergibt sich folgendes Bild:

– 6 (nur Eltern) nahmen an keiner therapeutischen Maßnahme teil.
– 2 begannen eine therapeutische Maßnahme, brachen sie aber ab.
– 7 (2 Eltern) nahmen an einer therapeutischen Maßnahme teil.

Unter den 15 Personen mit noch unvollständiger Trauerbewältigung waren also zu gleichen Teilen solche, die an zusätzlichen Maßnahmen teilgenommen hatten wie auch solche, die nie oder nur zeitweise teilgenommen hatten. Im Vergleich dazu nahmen von denjenigen, die das Unglück erfolgreich verarbeitet hatten, zwei Drittel an psychologischen Gruppen teil.

Zu Beginn der Einschätzung war ein erklärtes Ziel gewesen, denjenigen weitere therapeutische Hilfestellungen anzubieten, die noch keine vollständige Trauerbewältigung geschafft hatten. Entsprechende Angebote wurden nun gemacht.

Nach einer wiederholten Einschätzung im ersten Halbjahr 1992 zeigte eine Reihe von Personen aus diesem Kreis, wenn auch nicht alle, ebenfalls eine positive Entwicklung.

Von den neun Personen, die auch bei der letzten Einschätzung noch keine vollständige Trauerbewältigung aufwiesen, kamen sieben aus der Eltern- und zwei aus der Witwengruppe. Damit bestätigte sich die bereits im ersten Durchgang festgestellte Tendenz, daß bei den Eltern die Trauerbewältigung anders verläuft als bei den Witwen.

Das gleiche Bild ergibt sich, wenn man die von den Betroffenen entwickelte Zukunftsperspektive betrachtet. Unter den neun Personen, die kaum eine Zukunftsperspektive entwickelt haben, sind acht Eltern und nur eine Witwe. Viele der Eltern gaben an, mit dem Verlust des Sohnes den eigentlichen Sinn des Lebens, die Zukunft, auf die man baute, verloren zu haben.

In der Schlußeinschätzung zogen die teilnehmenden Beobachter folgende Bilanz:

Vier Fünftel der Hauptbetroffenen haben die Auseinandersetzung mit dem Unglück und den Verlust naher Angehöriger erfolgreich bewältigt.

Auch bei diesem Ergebnis muß betont werden, daß hieraus nicht der Schluß gezogen werden kann, für mehr als 80 Prozent der Betroffenen gäbe es keine aus dem Unglück entstandenen Probleme mehr. In den therapeutischen Gesprächen der Nachbetreuungsphase wird oft noch das tiefsitzende Leid spürbar. Bei vielen Betroffenen sind neue Ängste entstanden, oft auf die Kinder bezogen, etwa in dem Sinne:»Wenn noch einmal so etwas passieren würde, das könnte ich nicht verkraften.«

Der Schock der Katastrophe und die Trauer über den Verlust der Männer, Lebensgefährten oder Söhne sitzt sehr tief, auch wenn das von Außenstehenden nicht immer gleich wahrgenommen werden kann.

Auswertung der Fragebögen für Kinder und Jugendliche

Insgesamt erfaßte eine spezielle Fragebogen-Aktion für Kinder und Jugendliche nach Ende des Betreuungszeitraums 49 Personen. Berücksichtigt wurden Kinder und Jugendliche im Alter von 6 bis 17 Jahren (zum Zeitpunkt der Erhebung August/September 1992). Für diese Altersgruppen liegen Normen beziehungsweise Vergleichsmöglichkeiten vor. Mit einbezogen wurden zusätzlich sieben Jugendliche im Alter von 17 bis 21 Jahren, die zum Zeitpunkt des Unglücks das 17. Lebensjahr noch nicht vollendet hatten.

Jeweils zwei Komplexe erfaßte die Untersuchung:

- Fragen zu psychischen Auffälligkeiten im ersten halben Jahr nach dem Unglück
- Fragen zu psychischen Auffälligkeiten in den letzten sechs Monaten (also 1. Halbjahr 1992).

Die erhaltenen Werte konnten dann, nach Altersstufen gegliedert, mit der Normalbevölkerung verglichen werden.

Drei Hauptergebnisse wurden erkennbar:

1. In der Gruppe der 6 bis 11jährigen Jungen waren im ersten halben Jahr nach dem Unglück (rückblickend beurteilt durch die Mütter) im Schnitt keine gehäuften Auffälligkeiten festgestellt worden. Im 1. Halbjahr 1992 dagegen zeigte diese Gruppe deutlich erhöhte psychische Auffälligkeiten. In der Gruppe der 6 bis 11jährigen Mädchen zeigte sich ein ähnlicher Trend, allerdings in abgeschwächter Form.

2. In der Gruppe der 12 bis 17jährigen Jungen war die Entwicklung genau umgekehrt: deutlich erhöhte Auffälligkeit im ersten Halbjahr nach dem Unglück, dagegen ein deutlicher Rückgang im ersten Halbjahr 1992 – allerdings auf Werte, die immer noch über dem Durchschnitt der Bevölkerung lagen. Die Mädchen folgten wiederum dem gleichen Trend, wenn auch weniger ausgeprägt.

3. Nach kinder- und jugendpsychiatrischen Untersuchungen (Remschmidt/Walter 1990) ist in der Normalbevölkerung mit rund zehn Prozent psychotherapeutisch behandlungsbedürftigen Kindern und Jugendlichen zu rechnen. In der Gruppe der hier untersuchten 49 Kinder und Jugendlichen muß jedoch bei rund 25 Prozent von einer eindeutig behandlungsbedürftigen Störung ausgegangen werden.

FAZIT

Anderen Mut machen

Am Ende unserer Arbeit möchten wir mit einigen wenigen Stichpunkten noch einmal anreißen, was uns geholfen hat und vielleicht auch anderen Menschen helfen kann, die vor eine ähnliche Katastrophe gestellt sind.

• Der wichtigste Punkt scheint uns, gemeinsam zu handeln, daß sich die verschiedenen Berufsgruppen und Interessenvertreter bereit finden, Hilfen miteinander abzusprechen und aufeinander zu beziehen.

• Dabei wird es sicherlich zu Krisen, Interessenkonflikten und psychischen Belastungen kommen. Zeit wird es kosten. Daß dies notwendig so ist, mußten wir uns immer wieder vor Augen führen. Geholfen hat uns dabei Geduld, die Überwindung von Berührungsängsten zwischen Unternehmensvertretern und externen Fachleuten oder zwischen Christen und Muslimen, ein wenig Pragmatismus und der Wille zur Einigung.

• Gerade weil es immer wieder zu Belastungen kommen wird, ist eine offene Informationspolitik wichtig. Mißverständnisse entstehen, wenn einer nichts vom anderen weiß.

• Hilfen kosten auch Geld. In Borken stand mit der Preussen-Elektra nicht nur ein finanzstarker, sondern vor allem auch ein engagierter Geldgeber zur Verfügung. Wo in vergleichbaren Fällen ein solcher Partner fehlt, kann es sicher nützlich sein, einen Teil der eingehenden Spendengelder für längerfristige therapeutische Hilfen zu reservieren.

Wie zu Beginn betont, können wir keine Patentrezepte liefern. Jede neue Situation wird andere Aufgaben stellen. Wir möchten mit unseren Erfahrungen Anregungen geben. So wie uns der Bericht über das Unglück von Radevormwald geholfen hat, unsere Position zu formulieren, kann es anderen vielleicht auch gelingen, sei es in der Abgrenzung oder in Anlehnung an unsere Erfahrungen, einen eigenen Weg zu finden.

Organisation der Arbeitsgruppe Stolzenbachhilfe

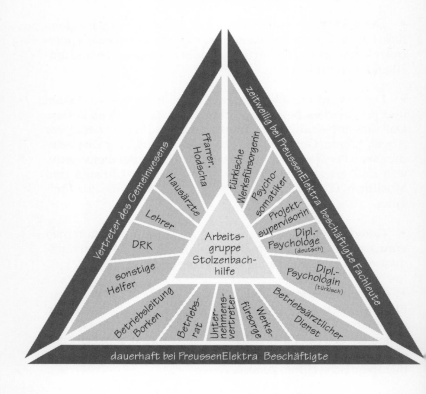

Aufbau der Hilfen für die Betroffenen

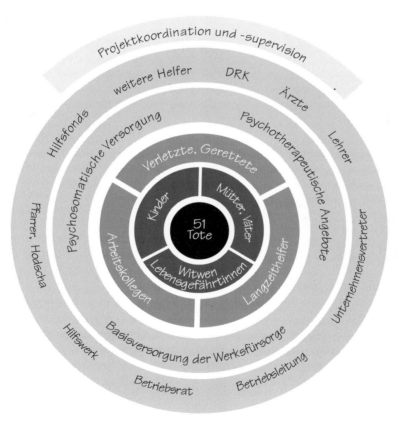

Dokumente

Brief an die Betroffenen des Stolzenbach-Unglücks

4½ Monate nach dem Unglück in der Grube Stolzenbach wenden sich die Arbeitsgruppe Stolzenbach-Hilfe und das Kuratorium des Hilfsfonds in einem ausführlichen Rundschreiben an alle Betroffenen. Damit folgen sie dem Beispiel des norwegischen Sozialpsychologen Lars Weisaeth, der einen solchen Brief 1986 an Personen schickte, die von einem Unglück auf einer norwegischen Bohrplattform betroffen waren (»Letter to victims of disaster«, Oslo 1985). Die Absicht im einen wie im anderen Fall: Alle werden eingehend informiert über psychische und physische Probleme, die sich möglicherweise auch bei ihnen einstellen können. Damit soll Angst genommen und Irritationen vorgebeugt werden. Die Betroffenen sollen so früh wie möglich erfahren, daß es nicht ›unnormal‹ oder irgendwie krankhaft ist, was mit und in ihnen geschieht. Und daß ihnen gezielt geholfen werden kann – wenn sie nur wollen.

BORKEN, DEN 14.10.88

Informationen und Ratschläge zum Umgang mit körperlich-seelischen Reaktionen während und nach schweren Belastungen

Aus der Arbeitsgruppe »Stolzenbach-Hilfe« und nach Rücksprache mit dem Kuratorium Stolzenbach schicken wir Ihnen die nachfolgenden Zeilen. Sie greifen auf Erfahrungen zurück, die an anderen Orten nach schweren Belastungen, Unfällen und Katastrophen gesammelt worden sind. Die dort gemachten Erfahrungen zeigen, daß es von großem Wert ist, den Betroffenen und Angehörigen nach einer Katastrophe Informationen zukommen zu lassen. Deswegen schicken wir Ihnen jetzt diesen Brief, in dem wir auch einige einfache Ratschläge geben.

Es hat sich als günstig erwiesen, über die gängigen psychischen Reaktionen zu informieren, die in solchen Situationen auftreten. Hierfür gibt es mehrere Gründe. Die meisten Menschen sind über die normalen und gewöhnlichen Reaktionen nicht unterrichtet, und sie neigen von daher dazu, eigene Reaktionen als »unnormal« und ungewöhnlich aufzufassen. Wenn man hingegen die Normalreaktionen kennt, ist es leichter, sie zu akzeptieren. Auf dem Hintergrund der starken Belastungen, denen man ausgesetzt ist, erlebt man sie als angemessen. Es erscheint günstig, wenn auch die nächsten Familienangehörigen und Arbeitskollegen hiervon Kenntnis haben.

Diese Reaktionen können so stark, quälend und von so langer Dauer sein, daß eine Behandlung notwendig wird. In diesem Falle sollten Sie nicht zu lange warten, bevor Sie eine Hilfe in Anspruch nehmen. Wenn auch viele Betroffene derart starke Reaktionen erleben, heißt das nicht, daß jeder in gleichem Maße betroffen ist.

Die erste Reaktion ist oft von Unwirklichkeit geprägt. Viele haben ein starkes Gefühl von innerer Leere. Es kann auch sehr schwer sein, in vollem Umfang zu verstehen, was passiert ist. Nach und nach läßt man das Unglücksgeschehen an sich heran, und es entstehen in der Regel die stärksten Reaktionen. Hier sind es vor allem Angstgefühle. Diese können von großer Heftigkeit sein, wenn das Geschehen wiedererlebt wird. Die gedanklichen Bilder können so realistisch sein, daß man das Gefühl bekommt, »jetzt passiert es wieder«.

Es kann schwierig oder sogar unmöglich sein, sich gedanklich von den am meisten belastenden Ereignissen zu lösen. Die Angst führt zur Ratlosigkeit – und kann sich auch in körperlichen Beschwerden äußern. Solche körperlichen Beschwerden sind Zittern, Schweißausbrüche, Kopfschmerzen, Herzklopfen, Druck auf der Brust, Übelkeit, Spannungen im Körper. Es kann sein, daß Sie sich leicht erschrecken, z. B. bei unerwarteten Geräuschen oder plötzlichen Bewegungen.

Furcht vor bestimmten Orten kann sich darin äußern, daß man sich plötzlich im Dunkeln, beim Alleinsein, oder wenn man mit anderen dicht zusammen ist, fürchtet. Oft ist eine natürliche Furcht zu beobachten, die dann entsteht, wenn man sich dem Unfallort nähert. Schlafprobleme äußern sich in Einschlafschwierigkeiten, oft auch wacht man häufig und früh auf.

Wichtig ist, von den typischen Unfallträumen zu wissen. Auf verschiedene Weise erlebt man das Unglücksgeschehen immer wieder als Alptraum. Und dies kann zu angsterfülltem Aufwachen führen. Wenn der Schlaf über längere Zeit gestört ist, führt dies zu einer Erschöpfung und erhöhter Reizbarkeit. Schlafmittel können über einen kurzen Zeitraum erforderlich werden.

Oft beobachtet man Verzweiflung und Grübeln. Einige Menschen bekommen dadurch Probleme, daß sie überlebt haben, während die Freunde ums Leben gekommen sind. Dies kann zu übertriebenen Selbstvorwürfen und Schuldgefühlen führen. Oft erlaubt man sich nicht, erleichtert darüber zu sein, daß man überlebt hat. Die Tendenz, sich zu isolieren, äußert sich in einem Bedürfnis, allein zu sein. Dahinter steht der Wunsch, sich gegen alles zu schützen, was die genannten Gefühle verstärken könnte. Man versucht zu vergessen, zieht sich vor dem Kontakt mit anderen zurück. In einem bestimmten Maße ist dies verständlich, aber man darf sich nicht isolieren.

Im folgenden geben wir einige wenige Ratschläge:

I. Sprechen Sie mit anderen! – Auch wenn es schwer fällt, hilft es, die Gedanken, Gefühle und Erlebnisse mit anderen zu teilen. Es kann notwendig werden, Teile der Ereignisse immer wieder zu besprechen. Auf diese Weise kann man auch leichter durch eine schwierige Situation kommen. Wir wissen, daß die Begegnung mit den Familien von Verunglückten oft schmerzhaft und schwierig für Sie sein kann. Wenn Sie sich dennoch in der Lage fühlen, Kontakt mit den Angehörigen aufzunehmen, kann dies eine gegenseitige Hilfe bedeuten. Körperliche Aktivitäten und regelmäßige Tätigkeit ist wichtig, um sich abzureagieren. Betreiben Sie ansonsten die Aktivitäten, von denen Sie aus Erfahrung wissen, daß sie Ihnen helfen. Für die meisten ist es vorteilhaft, so früh wie möglich den geregelten Tagesablauf wieder aufzunehmen. Die Gemeinschaft mit anderen, die das gleiche erlebt haben, hilft oft.

Beim Gebrauch von Alkohol sollte man vorsichtig sein, auch wenn der Alkohol zunächst lindert. Von daher müssen wir vor Alkoholgenuß warnen.

II. Sprechen Sie mit Ihren Kindern! – Dieser Brief ist an Sie gerichtet; er ist gleichzeitig zur Hilfe für den Umgang mit Ihrem Kind/Ihren Kindern gedacht. Die Kinder können die gleichen Reaktionen zeigen wie Sie, ohne zunächst hierüber sprechen zu wollen. Sie fürchten, durch ein Sprechen über diese ungewohnten Reaktionen ihre Mütter zu belasten, oder sie schämen sich ganz einfach hierüber (z.B. nächtliches Einnässen, Angstgefühle, Wutanfälle). Oft sind es aber ganz einfach bisher nicht bekannte Lern- und Konzentrationsstörungen in der Schule. Unter bisher vertrauten Spielgefährten können Streitereien auftreten; oder Freude am Spiel will nicht mehr recht aufkommen. – Sprechen Sie ruhig mit Ihren Kindern, ob und was Ihnen jetzt Spaß machen kann. Sprechen Sie auch jetzt davon, wie Sie Weihnachten feiern und den evt. anstehenden Geburtstag des Vaters begehen wollen.

III. Sprechen Sie mit Ihrem Hausarzt und denjenigen, die sich beruflich für eine Hilfe bereithalten! – Der Hausarzt kann bei der Behandlung oben aufgeführter Reaktionen sehr viel helfen. – Zögern Sie nicht, sich an die Lehrer Ihrer Kinder zu wenden oder direkt mit Frau Lohr zu sprechen.
Sie können sich an Ihren Gemeindepfarrer oder direkt an Herrn Pfarrer Krückeberg wenden.
Für die vielen Fragen des praktischen Alltags stehen Ihnen die Vertreterinnen der Werksfürsorge, d.h. Frau Römer, Frau Cetinyol und Frau Viernau zur Verfügung. Im Falle dringlicher Fragen lauten Anschrift und Telefonnummer:
Werksfürsorge der PreussenElektra, Hermannstruth 2, 3587 Borken (Hessen); Telefon: 05682/81-2226 (Frau Römer) bzw. 81-2426 (Frau Viernau).

Prof. Dr. med. Wolfram Schüffel   Bürgermeister
                                    Bernd Heßler
für die Arbeitsgruppe   für das Kuratorium
Stolzenbach-Hilfe   »Hilfsfonds Gruben-
                                    unglück Stolzenbach«

»Ich will darüber reden«

In einer Nacht ist er sehr spät nach Hause gekommen. Ohne Anruf, ohne alles. Ich habe immer auf ihn gewartet nach der Spätschicht, und wenn es nur mal eine Viertelstunde später wurde, dann habe ich mir schon Sorgen gemacht. Dann läuft man zum Fenster und guckt, und dann bin ich mit dem Hund auch schon immer den Weg langgegangen, von wo er kam. Sie hätten einen mit den Händen ausgraben müssen, weil Kohle von oben runtergefallen war, sagte er. So was hätte ihm jeden Tag passieren können. Wie oft kam er verkratzt nach Hause, wenn er einen Brocken von oben auf die Schulter gekriegt hatte. Er hat mal einen mit der Maschine verletzt, den hat er jeden Tag im Krankenhaus besucht, weil es ihm so leid tat. Solche Sachen hätten immer passieren können, aber nicht so was.

An dem Mittwoch, kurz nach halb eins, kam meine Schwägerin und sagte:»Es muß was Schlimmes passiert sein.« Sie ist Arzthelferin und hatte erfahren, daß alle Ärzte nach Stolzenbach kommen sollten. Was hier dann los war, das kann man gar nicht beschreiben. Ich war schon vor ein Uhr an der Grube. Da war er ja schon nicht mehr am Leben.

Vor zwei Wochen haben wir das erste Mal *in der Gruppe* über Stolzenbach gesprochen, über den Mittwoch – das war so schlimm, für alle. Alle haben geweint, und ich glaube, keine hat die Nacht über schlafen können. Ich habe den Gesprächsleiter auch gefragt, ob er wüßte, was er uns damit angetan hätte. Er hat gemeint, es wäre für uns wichtig, wir wüßten es nur nicht.

In der Gruppe sieht man immer wieder, man ist nicht allein, die anderen haben die gleichen Probleme. Bei manchen ist es noch schlimmer. Ich habe meine Kinder, ich bin nicht allein. Die Witwen mit den ganz kleinen Kindern können tagsüber nicht reden, die sitzen ständig allein herum. Meine Kinder habe ich nicht mehr so lange. Wenn sie das Haus verlassen, bin ich allein; die anderen haben dann ihre Kinder noch. So verschieden und doch so gleich sind die Probleme.

Unmittelbar nach dem Unglück haben die Leute ihre *Pflichtbesuche* gemacht. Es ist ihnen schwer gefallen, das habe ich

ihnen angesehen. Und mir ist es auch schwer gefallen. Man hat
Angst vor dem Blick, der einem dann begegnet. Aber man ist
froh, wenn jemand da ist, der einem zuhört, und vor allen
Dingen, daß man weiß, es bleibt unter uns. Das ist für mich ein
ganz wichtiger Punkt. Wenn ich in die Stadt gehe, sehe ich
schon von weitem Leute, die mich gesehen haben und schnell
auf die andere Straßenseite rübergehen. Was ich verstehen
kann: die wissen nicht, wie sie mir begegnen sollen, was sie
sagen sollen. Einfach so tun, als sei nichts gewesen, das ginge ja
auch nicht. Dafür hatte ich eine Zeit lang Verständnis, aber jetzt
verstehe ich es nicht mehr; jetzt müßten sie doch mal mit mir
reden.

Gute Freunde von uns – der Mann ist in der Grubenwehr
und hat einige gefunden, und manche haben schlimm ausge-
sehen – die sind lange nicht mehr zu mir gekommen. Was
haben wir früher nächtelang zusammengesessen und geredet.
Das kann man doch nicht einfach vergessen und sagen: da ist
nichts mehr. Das hat mich ungeheuer belastet. Vor einer Woche
waren sie hier. Da haben wir alle drei hier gesessen und haben
geweint. Aber es war wichtig, daß man mal darüber gesprochen hat, denn jetzt können wir uns wieder begegnen ohne
daß gleich das Thema Stolzenbach auf den Tisch muß. Weil
alles gesagt ist, was jeder auf dem Herzen hatte. Den ersten
Schritt zu tun, fällt manchen so schwer.

In einer Predigt *im Gottesdienst* hat der Pfarrer einmal gesagt, man muß sich wehren, und daß man auch mal auf Gott
böse sein kann. Warum hat Gott zugelassen, daß so was passiert ist? Der Pfarrer sagte, daß man auch in der Kirche weinen
soll und sich nicht verstecken braucht, weil das ein Ort ist zum
Weinen. Da hab ich mich ertappt gefühlt. Seit dem Unglück
sitze ich nur in der letzten Reihe, weil ich Angst habe, ich weine
und jemand sieht es. Es geht in der Kirche nie ohne Tränen ab.

Was mich tröstet ist, daß ich glauben kann, daß es ihm gut
geht. Daß es ihm gar nicht schlecht gehen kann. Ich hab mir
Bücher gekauft, um herauszufinden, was mit mir los ist, weil
ich mich selber nicht mehr verstehen kann, weil ich manchmal
Sachen mache, wo ich mich hinterher frage, warum hab ich das
gemacht. *Ich verstehe mich nicht.*

Eine Gedenkfeier – für mich persönlich brauche ich das nicht.
Ich denke immer daran. Ich kann so etwas am besten für mich

alleine abmachen. Damals, die Trauerfeier, das war für mich keine Frage, da wollte ich hin. Das war ein Gottesdienst für *ihn*, da wollte ich hin. Als der Knappenchor dann »Glück auf« gesungen hat, da wäre ich am liebsten rausgegangen. Das war zuviel.

Die ganze untere Schublade ist voll mit Zeitungsausschnitten von damals, die ich mir bis heute noch nicht angesehen habe. Drüben liegt die Videocassette von der Trauerfeier, die hat mir mein Schwiegervater noch aufgenommen. Ich habe mir das bis heute noch nicht angesehen, ich kann es nicht. Manche Frauen trösten sich damit, wenn sie die *alten Bilder* ansehen von früher; Hochzeitsbilder und andere. Ich hab es versucht, ich kann es einfach nicht.

(aus: blick in die kirche, Ausgabe 6-8/89, S. 11)

Eine türkische Witwe erzählt:
»Ich kann nicht allein sein«

Am Anfang habe ich nur gezittert und geweint. Ich habe immer Angst gehabt, ich sterbe, weil ich ständig Herzklopfen und Magenschmerzen hatte und nicht schlafen konnte. Ich habe gemerkt: Ich kann nicht allein sein. Wenn ich allein daheim bin, ist es sehr schwer für mich. Manchmal kommt *der Pfarrer*, und dann erzähle ich ihm alles und dann geht es danach etwas besser. Aber die ganze Trauer nur runterschlucken – das hat mich fertig gemacht.

Reden – das ist wichtig. Wir betroffenen Frauen haben jede Woche eine Versammlung. Es hat uns von Anfang an geholfen, zusammen zu reden: das war ein Schutzraum für uns. Die ersten Gruppenstunden waren sehr schwer für mich. Ich konnte nichts erzählen, gar nichts, ich war so fertig. Und dann habe ich doch wieder in der *Therapiegruppe* mitgemacht, weil ich gemerkt habe, daß ich das brauche. Ich mache auch mit den therapeutischen Einzelgesprächen weiter. Jeder Tag ist schwer, es wird nicht besser. Nur ich muß lernen, mit meinen Problemen zu leben. Am Anfang habe ich gesagt: Ich lebe nicht mehr weiter! Ich habe auch immer noch Angst zu leben, aber ich muß leben – wegen meinem Sohn. Deswegen muß ich mich zwingen.

Es ist besser geworden mit dem Kind. *Mein Sohn* ist zehn und hat genauso Schwierigkeiten wie ich. Am Anfang habe ich viel mit ihm geschimpft, weil er dauernd aggressiv war und seine Puppen geschlagen hat. Der Psychologe sagte mir dann:«Lassen Sie ihn hauen, egal ob Puppen oder Kissen. Er muß sich jetzt so verhalten.« Danach habe ich mit Levent nicht mehr geschimpft; ich habe ihm noch einen Teddybären gekauft. Jetzt macht er das nicht mehr, es ist besser geworden mit dem Kind. Manchmal weiß man gar nicht, was man da machen soll.

Viele sind neidisch. Nach dem Unglück war viel Mitgefühl und Mitleid, viel Hilfe unter den Menschen in Borken. Aber jetzt ist es ganz anders: *viele sind neidisch.* Die denken, wir hätten viel Geld bekommen, 100.000 Mark oder so. Das stimmt aber nicht. Ich kann das öffentlich sagen: Ich habe 10.000 Mark und dann noch einmal 6.000 Mark bekommen. Eine Unterstützung, die alle bekommen haben. Verwandte und Bekannte denken, es geht mir gut – nur weil ich Geld habe. Das ärgert mich, denn Geld macht nicht glücklich, selbst wenn es viel wäre.

Wir Frauen machen alles falsch. Ob wir rausgehen oder drinnenbleiben, immer ist es ein Fehler. Alles wird gesehen: Wohin wir gehen, was wir Neues haben. Mein Sohn hat auch gesagt, Mama, ich verstehe das auch nicht, die Leute sind so egoistisch. Papa hat so vielen geholfen, aber was die jetzt machen, das kann ich nicht verstehen. Ich verstehe nicht warum. Ich weiß nicht, habe ich einen Fehler gemacht oder etwas Falsches gesagt? Ich denke so viel, und dann geht es mir schlecht.

Eigentlich will ich nicht weg. Ich habe anonyme Anrufe bekommen von einem Mann, der mir Schweinereien gesagt hat – ich habe gar nicht gewußt, was der wollte, ich war fix und fertig. Also, als der Mann mich so gestört hat, da hab ich gedacht, ich kann nicht länger in Borken bleiben. Aber eigentlich will ich nicht weg, denn ich hab ja viele Freunde hier. Aber ich habe wirklich soviel Angst manchmal.

(aus: blick in die kirche, Ausgabe 6-8/89, S. 24)

EIN JAHR DANACH:

INTERVIEW MIT DEN BORKENER PFARRERN KRÜCKEBERG UND SCHWARZ

Das Entsetzen zur Sprache bringen

blick in die kirche: Fast ein Jahr liegt das Grubenunglück von
Stolzenbach jetzt zurück. Ist das normale Leben in Ihrer Gemeinde und in Ihrer Arbeit wieder eingekehrt?

Schwarz: Der normale Alltag, die normalen Lebensabläufe sind
sicherlich wieder da. Dennoch denke ich, daß sich in der Region nachhaltig etwas verändert hat. Denn dieses Unglück hat
nicht nur einige Familien getroffen, sondern Freunde, Bekannte, Nachbarn, die Vereine, die Gemeinschaften, ja es geht um
das ganze Zusammenleben in Borken. Ich merke immer wieder, daß bei vielen Menschen noch immer eine tiefe Trauer da
ist.

Krückeberg: Es kommt auch heute noch vor, daß in Gesprächen
plötzlich Dinge hochkommen, die hätte man ein paar Tage
nach dem Unglück auch so sagen können. Jemand, der mit
Aufräumarbeiten an der Grube beschäftigt ist, sagte mir neu-
lich: »Ich bin randvoll mit dem was ich am 1. Juni 1988 erlebt
habe.« Mir geht es ähnlich: In vielen Gottesdiensten, Predigten
und Gebeten – immer wieder spielt das Unglück eine Rolle. Ich
muß darüber reden, um es selber zu verarbeiten. Und deswegen muß ich mich auch engagieren, wie jetzt in der »Arbeitsgruppe Stolzenbach-Hilfe« oder bei dem Gedenkgottesdienst.

blick in die kirche: Nun sind Sie als Pfarrer daran gewöhnt, mit
Trauernden umzugehen. Was war für Sie als Seelsorger anders
nach der Katastrophe von Stolzenbach?

Schwarz: Das Einzelschicksal ist natürlich in jedem Fall genauso dramatisch, traurig, entsetzlich, wenn zum Beispiel ein junger Mann beim Autounfall ums Leben kommt oder eine Frau,
Mitte Dreißig, an Krebs stirbt. Aber hier wurde eine kollektive
Trauer ausgelöst. Die Trauernden sind eben nicht nur eine
Familie, die im »normalen Umfeld« weiterleben muß, sondern
viele teilen das Schicksal. Das gibt der ganzen Angelegenheit

eine neue Dimension, die weit über die einzelnen Familien
hinausreicht – eine ganze Region ist betroffen.

Krückeberg: Die immense Belastung für jede einzelne Familie –
das unendliche Warten, die Ungewissheit, das Plötzliche, die
Dramatik am Bergwerkschacht und dann auch das Identifizie-
ren in der Halle – der überwältigende Einbruch des Todes, das
hat eine andere Dimension, als wenn man weiß, das ist mein
persönliches Schicksal. Für mich als Pfarrer war das ein Her-
einbrechen von Tod in einer Dimension, die ich noch nie erlebt
habe – das ist der Unterschied, unter dem Eindruck stehe ich
jetzt immer noch.

  Hinzu kommt, daß die Unglücksursache ungeklärt ist. Die
betroffenen Familien wissen ja noch gar nicht, welche Ergebnisse die Staatsanwaltschaft zu Tage gefördert hat – im wahrsten
Sinne des Wortes. Was ist da eigentlich passiert, wollen die
Angehörigen wissen.

blick in die kirche: Wie versuchen Sie denn, den Betroffenen Trost
zu spenden?

Schwarz: Ich habe so meine Schwierigkeiten mit dem »Spenden«. Ein Spenden von oben herab, aus einer Geber/Nehmer-
Haltung heraus, hilft dem Menschen nicht weiter. Einfach für
den anderen dasein, ihn begleiten, offen sein für die Trauer, die
Stille und Verzweiflung aushalten können, all der Trauer und
Wut, die man hat, Raum geben, das Entsetzen zur Sprache
bringen – dieses Mitgehen finde ich am wichtigsten. Wir haben
viel in dieser Zeit mit dem 23. Psalm gebetet: »…und ob ich
schon wanderte im finsteren Tal«.

Krückeberg: Trauerarbeit ist wirklich ein Prozeß. Im Prinzip
machen wir das gleiche, was auch Psychotherapeuten oder
Sozialarbeiter in dieser Situation machen. Als Pfarrer können
wir aber noch auf eine andere Ebene hinweisen, den Angehörigen immer wieder Gottesdienste und Gebete anbieten, um all
die Last wegzugeben und vor Gott zu stellen. Einfach mal das
Herz ausschütten, es Gott zeigen und vor Gott legen.

blick in die kirche: Was hat sich denn nach dem 1. Juni 1988 in Borken verändert? Ist aus Ihrer Sicht das Zusammenleben der Menschen dort anders geworden?

Krückeberg: Es gab verschiedene Phasen: die Schicksalsgemeinschaft, die in den ersten Tagen nach dem Unglück entstanden ist, hat weitergewirkt. Die Kirche, die Stadtverwaltung und andere Gremien mußten zusammenstehen und bestimmte Dinge einfach bewältigen. Zum Beispiel hat man es geschafft zu sagen:»Wir verzichten im laufenden Jahr 1988 auf alle Vergnügungsveranstaltungen.« Das ist weitgehend akzeptiert worden. Oder man hat es auch geschafft, die Spendengelder so zu verteilen, daß die Betroffenen zufrieden waren. Das war ein heikler Punkt, aber es ist gelungen – enorm eigentlich.

Die Betroffenen besuchen sich untereinander, dadurch sind enge Kontakte entstanden, die auch weitergeführt werden. Es gibt viele Menschen, die die Angehörigen, die Hinterbliebenen wirklich verstehen. Es gibt andererseits natürlich auch Leute, die mit ganz taktlosen und plumpen Bemerkungen die Betroffenen ungeheuer verletzen. Und das bezieht sich dann oft auf die Spendengelder. Dieser Neid kann die Hinterbliebenen aus der Bahn werfen und ganz schön mitnehmen.

blick in die kirche: Sie arbeiten mit in der »Arbeitsgruppe Stolzenbach-Hilfe«. Welche Rolle spielen Sie als Pfarrer innerhalb dieser Gruppe?

Schwarz: Es klingt vielleicht anmaßend, aber ich denke: eine wichtige. Wir haben schon versucht, die Arbeit von Anfang an voranzutreiben, weil alle, die von dieser Katastrophe überwältigt worden sind, gemeinsam daran arbeiten müssen, sie einigermaßen heil zu überwinden. In diesem Prozeß der Hilfe und Selbsthilfe dürfen wir uns nicht allein lassen sondern müssen zusammenstehen.

blick in die kirche: Wenn Sie nicht dabeigewesen wären in dieser Arbeitsgruppe, was wäre dann anders gelaufen? Es stand doch der Vorschlag im Raum, die Hilfe nicht direkt aus der Region heraus zu entwickeln, sondern fertige Konzepte von außerhalb zu übernehmen.

Schwarz: Alle Helfer haben gesagt: »Das ist unsere Aufgabe, diese Katastrophe zu bewältigen. Und wir können jetzt nicht von außerhalb Leute einfliegen, die überhaupt nicht mit der Region vertraut sind.«

Krückeberg: Hier gibt es ja genügend Psychotherapeuten und Ärzte; Pfarrer, Sozialarbeiter und Lehrer engagieren sich auch. Was uns noch wichtig war: Wir haben die türkische Seite mitbeteiligt. Unsere Rolle ist unabhängig. Wie sich die PreußenElektra darstellt oder wie sich die Wissenschaft hier profiliert, das sind zweitrangige Sachen. Wichtig ist hier erst einmal der Mensch – darum geht es. Die Kirche ist der unabhängige Anwalt sowohl der deutschen als auch der türkischen Familien.

blick in die kirche: Bischof Dr. Hans-Gernot Jung hat in seiner Traueransprache am 8. Juni 1988 von einer »tiefen Verbundenheit« mit den Betroffenen gesprochen. Kann man sagen, daß diese Verbundenheit jetzt noch spürbar ist?

Krückeberg: Für die Verbundenheit der Landeskirche von Kurhessen-Waldeck spricht zum Beispiel, daß sich »blick in die kirche« für Borken interessiert. Oder: Die Hersfelder Pfarrkonferenz wollte wissen, was wir erlebt haben, welche Erfahrungen wir gemacht haben und wie es uns im Augenblick geht. Da haben wir persönlich Anteilnahme und Verbundenheit gespürt.

Schwarz: Daß wir die Möglichkeit haben, als Pfarrer über unsere Erlebnisse in einer gelenkten Runde zu reden – dieses Supervisions-Angebot ist eine konkrete Hilfe der Kirchenleitung.

blick in die kirche: Hat die Borkener Kirchengemeinde es als ihre eigene Aufgabe begriffen, Hilfe zu leisten? Schließlich mußten Sie als Pfarrer die Gemeinde während dieser Zeit vernachlässigen.

Schwarz: Man konnte in dieser Zeit überhaupt keine Trennung mehr machen zwischen kirchlicher und kommunaler Gemeinde, zwischen Betroffenen und Leuten, die davorstanden. Die gesamte Region war erschüttert, betroffen von diesem Unglück. Niemand wäre auf die Idee gekommen zu klagen, daß wir uns um die Opfer gekümmert haben.

Krückeberg: Im Gegenteil: Ich habe viel Verständnis gespürt. Ich weiß noch, daß mich Leute zum Essen eingeladen haben: »Du schaffst da den ganzen Tag, jetzt kommst Du zum Essen zu uns«, haben sie gesagt.
Später habe ich allerdings gehört: »Immer wieder dieses Thema!«, und das hat mich doch sehr betroffen gemacht. Einzelne in der Gemeinde nehmen Kontakt auf, machen Besuche. Der Frauenkreis plant jetzt zum Beispiel ein gemeinsames Kochen und Essen mit den türkischen Witwen.

Schwarz: Ich glaube, wie nach jedem Unglück tritt das, was vorher schon da war, in viel stärkerem Maße hervor. Wenn zum Beispiel in einer Familie die Beziehungen nicht stimmten, dann wird das in der Trauersituation noch einmal ganz deutlich. Und wenn sie gut sind, dann wird das in der Trauersituation ebenso deutlich. Und genauso, wie sich das im Privaten zeigt, so zeigt sich das auch in der Gemeinde.

(aus: blick in die Kirche, Ausgabe 6-8/1989, S. 6 f)

ANGEHÖRIGE DER OPFER DES GRUBENUNGLÜCKS VON BORKEN
BERICHTEN ÜBER IHR LEBEN NACH DER KATASTROPHE:
»Ich möchte immer darüber reden«
Ein Fernsehfilm von Katrin Seybold

> In ihrem preisgekrönten Fernsehfilm »Ich möchte immer darüber
> reden« dokumentiert Katrin Seybold die Katastrophen von Ramstein,
> Herborn und Borken auf besondere Weise, indem sie Opfer und
> Helfer über das Leben nach der Katastrophe reden läßt. Die folgen-
> den Passagen sind wörtliches, auszugsweises Protokoll aus diesem
> Film, der am 31. Oktober 1991 im ZDF zum ersten Mal ausgestrahlt
> wurde.

PROF. DR. MED. WOLFRAM SCHÜFFEL, UNIVERSITÄT MARBURG:
Die Katastrophe ist dadurch gekennzeichnet, daß Ordnungen
zusammenbrechen, daß ein soziales Gefüge, eine Gemeinde,
eine Familie, entweder körperlichen oder psychischen Schaden erlangen. Dieses Konzept von Katastrophe als Zusammenbruch der Ordnung, das stand dahinter, als ich sagte, »wir
müssen uns zusammensetzen, und wir müssen ein Arbeitspro-
gramm entwickeln«.

GEORG PIEPER, DIPLOM-PSYCHOLOGE:
Unmittelbar nach der Katastrophe setzte sich Prof. Schüffel mit
Hilfskräften vor Ort zusammen und organisierte die Hilfe-
maßnahmen, und daraus entwickelt hat sich der Arbeitskreis
»Stolzenbachhilfe«. In dem sind vertreten Lehrer, Pfarrer, Sozi-
alarbeiter, Psychologen; die versuchen, Hilfestellungen für die
Hinterbliebenen dieses Grubenunglücks zu organisieren.

SCHÜFFEL:
Die Aufgabe war zu sehen, daß die Eigenkräfte der Betroffe-
nen gefördert werden können und diese unter Anleitung von
Experten nun anfangen können zusammenzuarbeiten.

PIEPER:
Einsatzleute damals in Stolzenbach haben schreckliche Dinge
erlebt und haben in der Gruppe hier in Borken auch die Möglichkeit gehabt, sofort darüber zu reden. Das war sehr, sehr
wichtig für die, ich hatte Leute, die 30 Jahre so etwas gemacht

haben, und die haben gesagt, so etwas Schlimmes haben sie noch nie erlebt. Seitdem konnten sie nicht mehr schlafen. Auswärtige Grubenwehren und andere Einsatzleute hatten leider diese Möglichkeit nicht.

ARNO HENSCHEL, GRUBENWEHRMITGLIED:
Wir haben dann auch unseren Arbeitsauftrag gekriegt – Bergen von Toten – und haben den dann auch ausgeführt. Angst vor diesem Einsatz habe ich jedenfalls ein bißchen gehabt, daß eine Maske verrutscht, weil doch ziemlich viele giftige Gase – der Kohlenmonoxydgehalt war so hoch in der Luft –, daß man hätte nicht atmen können, ein bißchen Maskeverrutschen, und schon wäre man umgefallen.

Wir haben die Toten dann geborgen und haben sie dann auch fort zum Schacht gebracht, und sind dann mit den Toten – jeder einen im Arm – in der Gondel, haben wir dann am Donnerstag die ersten Toten dann über Tage mitgebracht. Ich erinnere mich eigentlich noch ganz genau, was dann in den Familien war, die Frauen und die Kinder, die da auf dem Gelände gesessen haben oder gestanden haben, also das war schon sehr deprimierend für einen – auch für meine Grubenwehrkameraden. Da sitzen die Kinder und die Frauen und weinen und brechen auch mit Schreikrämpfen zusammen, das geht einem echt an die Nieren. Da hat sich mancher erwachsene Mann umgedreht, damit er nicht mitgeweint hat. Da fehlen einem die Worte, das zu beschreiben.

Am 1. Juni '88 war ja das Unglück in Stolzenbach passiert. Ich hatte nachher nichts gemerkt, aber so langsam dann – vielleicht ein halbes Jahr danach – schon einmal mich nicht so wohl gefühlt, Magenschmerzen gehabt. Na ja, da hat man einfach mit weitergelebt, daß das einfach so gewesen ist, und dann bin ich einmal umgekippt.

Das war dann so schlimm, daß ich dann den Doktor rufen mußte, der mich dann erstmal wieder auf die Beine gestellt hat, weil ich auch nicht wußte, woher das kam. Und bis dahin habe ich mir auch noch keine Gedanken darüber gemacht und auch nicht gewußt, daß das vielleicht an Stolzenbach liegen könnte.

1990 hat es mich dann vollkommen erwischt, bei der Arbeit habe ich dann vor dem Einfahren auf der Hängebank gesessen, kurz vor der Seilfahrt, und da habe ich Schweißausbrüche gekriegt, Angst, Zittern am Körper, Panik, und das habe ich dann auch so eine Weile durchgehalten an der Arbeit, und dann ging es nicht mehr, dann habe ich dermaßen Depressionen gekriegt, nachts dann von Borken geträumt, vom Bergen von den Opfern, was sich über Tage abgespielt hat. Das Ganze hat sich natürlich dann auch auf meinen Beruf ausgewirkt – ich bin Maurer unter Tage. Die Arbeitsfähigkeit war dann nicht mehr gegeben. Bis ich dann gesagt habe: »Leute, Schluß, ich kann nicht mehr in der Grube arbeiten, ich schaffe es nicht mehr.«

Seit März '91 fahre ich jetzt alle 14 Tage nach Borken, da gibt es so eine Selbsthilfegruppe, die wird geleitet von Herrn Pieper, und die hat mir natürlich jetzt etwas gebracht, und die hilft mir jetzt, und jetzt wird das Ganze aufgearbeitet.

SCHÜFFEL:
Das Wichtigste bei den ganzen Katastrophen und dem Umgang mit den Folgen ist, daß wir uns als Helfer wie als Betroffene, wie die gesamte Gemeinschaft, klar sind, es ist ein Verlust oder ein Trauma geschehen, daß wir erstmal verarbeiten müssen, und das braucht Zeit. Das Wichtigste also: Wir wissen, es braucht Zeit, bis jemand fertig wird mit seinen Verlusten.

EHEFRAU EINES OPFERS:
Wir saßen alle in einem Raum, und es war dann eigentlich sehr, sehr schwer, wenn einer nach dem anderen nach draußen gerufen wurde. Also, das war eigentlich die Gewißheit, daß der Ehemann gestorben war, und ich kann das jetzt schwer beschreiben – also, ich hatte das Gefühl, als wenn ich in ein ganz tiefes Loch falle. Es war irgendwie, also ich konnte gar nicht mehr denken in dem Moment. Es war unheimlich schwer, und es hat mir auch sehr, sehr wehgetan, daß ich meinen Mann dann da gesehen habe in Borken. Dann habe ich das meinen Kindern gesagt, daß ihr Vater gestorben ist. Ich muß sagen, die Kinder haben das eigentlich in dem Moment sehr gefaßt aufgenommen.

SOHN DES OPFERS:
Als mein Vater den Unfall hatte, da lag ich dann abends im Bett, und da habe ich gedacht, wann kommt er denn endlich

nach Hause, er muß doch auch einmal schlafen. Als ich dann morgens aufgestanden bin und die mir das dann gesagt haben, da konnte ich es als erstes nicht fassen. Dann habe ich gesagt, das kann doch nicht sein, dann haben sie den Doktor gerufen, und der hat mir dann ein Beruhigungsmittel gegeben. Dann bin ich in mein Zimmer gegangen, und da hatte ich noch ein Bild von der Hochzeit. Das habe ich mir dann angeguckt, und dann mußte ich weinen, ich war dann auch sehr traurig, aber fassen konnte ich es immer noch nicht.

EHEFRAU DES OPFERS:

Also, ich bin eigentlich oft sehr, sehr traurig gewesen, und um die Kinder das aber nicht immer merken zu lassen, daß ich geweint habe oder daß ich traurig war, habe ich auch oft versucht, nach außen hin stark zu sein und den Kindern das halt nicht immer zu zeigen. Ich wollte die beiden Kinder eigentlich ein bißchen schonen, die hatten es auch sehr schwer, als sie ihren Vater verloren haben.

SOHN DES OPFERS:

Ja, er fehlt mir sehr. Wir haben viel miteinander unternommen, wir sind gewandert, ins Schwimmbad gegangen, es war alles sehr schön.

PIEPER:

Kinder haben auf ganz unterschiedliche Art und Weise ihrer Trauer Ausdruck gegeben. Auf der einen Seite Kinder, die eher nach außen gingen, aggressiv wurden, emotional auffällig wurden, auf der anderen Seite Kinder, die sich vielleicht mehr zurückgezogen haben, die depressiv wurden, schlechte Schulleistungen brachten. Es gibt aber auch Kinder, die am Anfang überhaupt nicht auffällig waren, wie zum Beispiel Jens, und erst viel später dann Reaktionen zeigten. Bei ihm in Form von Kopfschmerzen, Schwindelgefühlen und sehr viel Aufgestautes kam dann da sehr viel später erst raus.

SOHN DES OPFERS:

Bei der ersten Krankheit, da wurde mir ziemlich schwindlig. Da waren wir dann beim Doktor, und der hat dann nichts gefunden. Da habe ich so ein Dings auf den Kopf gekriegt, da haben sie die Gehirnströme gemessen, und da haben sie auch nichts gefunden. Und dann habe ich ein bißchen mit meiner Mutter geredet, und dann war es wieder weg. Und dann nach einer Weile, ein paar Wochen später, da hatte ich dann den Husten, und da haben sie auch wieder nichts gefunden. Und dann habe ich wieder ein bißchen mit meiner Mutter geredet, und dann war es wieder weg. Und dann sind wir zu Herrn Pieper gegangen.

EHEFRAU DES OPFERS:
Der Jens ist sehr zurückhaltend immer, der Ingo ist genau das Gegenteil, der ist immer ziemlich wild, und er spielt sich automatisch immer in den Vordergrund. Der Jens läßt die Sachen immer sehr auf sich zukommen, und es dauert eine Weile, bis er dann auch bei Fremden so warm geworden ist.

SOHN DES OPFERS:
Der Herr Pieper, der ist einer, mit dem man reden kann, falls man es anderen nicht sagen möchte. Wir reden dann auch manchmal, dann stellt er mir Fragen, und ich beantworte die dann. Wir sind auch manchmal zur Gedenkstätte gefahren, da hat er mir das alles erklärt, wo das und das stand. Da haben wir uns den Kreis angeguckt, wo die Namen alle draufstehen. Da haben wir den Namen meines Vaters gesucht, den haben wir dann gefunden. Dann haben wir uns ein bißchen die Steine angeguckt, wo das alles eingemeißelt war, mit dem, wie sie unter Tage gearbeitet haben. Und dann, wo ich wieder zu Hause war, da ging es mir dann wieder etwas besser. Ich habe nie bei meiner Mutter geweint, nicht so oft. Meistens bin ich dann an einen stillen Ort gegangen, in mein Zimmer, und habe mich ein bißchen aufs Bett gelegt und habe da geweint. Nur danach, wo ich immer mit Herrn Pieper geredet habe, wo ich dann immer weinen mußte, da bin ich dann immer zu meiner Mutter gegangen.

SCHÜFFEL:
Der Kern der Trauerarbeit ist das Sich-Erinnern-Können. Daß wir uns erinnern können, wen wir verloren haben, was wir eingebüßt haben an unseren Kräften, an unserer Integrität, aber daß wir das auch wegschieben können, wenn wir auf die

Zukunft uns konzentrieren und wissen, wie wir in diese Zukunft hineingehen.

ABMODERATION ZDF WOLF-RÜDIGER SCHMIDT:
Der Kern der Verarbeitung einer Katastrophe ist das Sich-
Erinnern. In Borken sind von Anfang an Werksfürsorgerinnen,
Frauen, auf die Trauernden, die Bergarbeiterwitwen, ihre Kinder und die Grubenleute zugegangen. Sie haben sie motiviert,
in Gruppen für Betroffene zu gehen. Keiner sollte mit seinen
Problemen alleine bleiben, auch das Mahnmal ist dazu ein
wichtiger Faktor. Erinnern, nicht verdrängen, aussprechen, nicht
verschweigen. Dies wußte man früher, auch in den Religionen
übrigens. Unsere Zivilisation scheint es endgültig vergessen zu
haben.

Ramstein (1):

Reaktion auf den Seybold-Film von den
Betreuern der Ramstein-Opfer
Brief an das Fernsehen

In einem persönlichen Brief wendet sich der Leiter der katholischen
Telefonseelsorge Pirmasens, Heiner Seidlitz, an die ZDF-Redaktion
»Kirche und Leben«, die für die Ausstrahlung des Dokumentarfilms
von Katrin Seybold zuständig war. Seidlitz gehört zu einer Gruppe,
die rund 40 Opfer der Ramsteiner Flugzeugkatastrophe betreut. Der
Film über die Arbeit mit den Opfern von Ramstein, Herborn und
Borken erweist sich als wertvolle Unterstützung – für die Betroffenen,
für die Helfer und für die Argumentation gegenüber der rheinland-
pfälzischen Landesregierung.

30.12.1991

Sehr geehrter Herr Schmidt,

im Auftrag der Telefonseelsorge Kaiserslautern-Pirmasens be-
treue ich zusammen mit Herrn Dr. Jatzko und dessen Frau seit
nunmehr 2½ Jahren eine Gruppe von mehr als 40 Hinterbliebenen und Opfern der Flugkatastrophe von Ramstein. Teilnehmer unserer Gruppe haben an dem oben genannten Film aktiv
mitgewirkt. Ich möchte es nicht versäumen, Ihnen etwas von
der Resonanz dieses Filmes mitzuteilen, auch wenn es schon
einige Zeit her ist, seit er ausgestrahlt wurde.

Zunächst zur Reaktion unmittelbar Betroffener auf diesen
Film. Wir hatten Gelegenheit, anläßlich eines unserer regelmäßigen Treffen 14 Tage nach der Sendung des Films darüber
ausführlich zu sprechen. Wie sich herausstellte, war es für viele
sehr wichtig, ihre Erfahrungen anhand des Films miteinander
zu teilen. Die meisten hat der Film wieder sehr aufgewühlt. Es
wurde berichtet, daß durch Schilderungen der mitwirkenden
Betroffenen und die Bilder alte Wunden wieder aufgerissen
wurden, z. T. seien Symptome aus der damaligen Zeit nach der
Katastrophe wieder aufgetreten. Alle Teilnehmer jedoch hätten
im Gegensatz zu den Ereignissen vor 3 Jahren versucht, mit
dieser zunächst bedrückenden Erfahrung fertigzuwerden, indem sie, wenn notwendig, nach Gesprächspartnern suchten

und diese auch fanden. Dann war das Erlebte nicht mehr so bedrohlich.

Wir machen in unserer Arbeit der Bewältigung solch traumatischer Ereignisse immer wieder die Erfahrung, daß Betroffene, wenn sie sich sicher genug fühlen, die Erinnerung an das Trauma, auch wenn es mit schlimmen Gefühlen verbunden ist, immer wieder hervorrufen, um es zu bewältigen. Auslöser intensiver Erinnerungen sind z.B. der Besuch des Katastrophenortes oder ein solcher Film. So schlimm die Konfrontation mit dem erlittenen Schicksal auch ist, so heilsam ist die Wirkung, wenn die Betroffenen soweit sind, die damit verbundenen Gefühle in einer beschützenden Atmosphäre etwa mit einem Gesprächspartner oder in einer Gruppe gleichermaßen Betroffener zuzulassen, sie auszudrücken und zu verstehen. So geschieht Verarbeitung. Unter dieser Voraussetzung, daß Betroffene über genügend Rückhalt bei Partnern oder Betreuern verfügen, konnte der gezeigte Film für die Opfer sehr hilfreich sein, auch wenn er erneut aufwühlte.

Sehr anregend für die Teilnehmer unserer Gruppe war auch die Information darüber, wie anderswo, in diesem Fall in Borken, öffentlich an die Toten erinnert wird. Sie waren erfreut darüber, daß in Borken ein öffentlich zugänglicher Gedenkstein existiert, auf dem die Namen der Toten vermerkt sind. Ein solcher Ort der Trauer und des öffentlichen Gedenkens existiert zur Zeit für die Ramstein-Opfer nicht. Er ist aber für die Betroffenen besonders wichtig, da sie oftmals gerade nicht an Gräbern trauern können. Für uns war dieser Beitrag im Film ein Rückhalt, nun energischer für die Errichtung eines solchen Gedenksteins einzutreten und dabei auf positive Beispiele verweisen zu können.

Überhaupt konnten wir die Erfahrung machen, daß die Ausstrahlung des Films das Ausmaß des Leids wieder einmal öffentlich in Erinnerung brachte, nachdem man es vielerorts zu verdrängen suchte oder einfach vergaß. Von Unbeteiligten hörten wir, daß sie sich gar nicht bewußt gewesen waren, wie schlimm die Ereignisse für die Menschen damals waren.

Unsere Träger hatten die Gelegenheit, anhand des Films einmal Betroffene selbst zu hören. Dadurch war es für sie selbstverständlich, gerade jetzt auch drei Jahre nach der Katastrophe die Nachsorgearbeit weiterhin zu unterstützen. Der

Film hat uns sicher auch darin geholfen, eine Zusage von der rheinland-pfälzischen Landesregierung zu bekommen, daß sie unsere Nachsorgearbeit weiterhin finanziell und ideell unterstützt.

Wir sind froh, daß solche aufrüttelnden Filme gerade zu dieser Sendezeit ausgestrahlt werden, damit das Schicksal derer, die mitten unter uns leiden, und zu denen wir sehr schnell auch selbst gehören können, nicht vergessen wird.

Mit freundlichen Grüßen   Heiner Seidlitz, Dipl.Psych.
                                                                                    Leiter

Ramstein (2):

Die vergessenen Opfer

> Die Ausstrahlung von Katrin Seybolds Fernsehdokumentation »Ich möchte immer darüber reden« nimmt das rtv-Fernsehmagazin zum Anlaß, über die Situation einer der Betroffenen-Gruppen ausführlicher zu berichten. Die Wahl fällt auf Überlebende und Angehörige der Opfer der Ramsteiner Flugzeugkatastrophe, die drei Jahre nach dem Unglück noch immer stark mit den Folgen zu kämpfen haben. Gerade durch den Vergleich zum Vorgehen der Arbeitsgruppe Stolzenbachhilfe wird deutlich, wie wichtig organisierte und kontinuierliche Hilfe von Anfang an ist.

»Heute geht es mir schlechter als vor drei Jahren.« Die Frau, die mit Tränen in den Augen über ihre Erfahrungen spricht, hat am 28. August 1988 ihren Sohn verloren. Wolfgang, der einzige Sohn von Anne Wagenbach, 45, wurde das Opfer eines Spektakels, das 70 Tote und 300 Verletzte forderte: Der Flugzeugkatastrophe im pfälzischen Ramstein, bei der zwei Jets der italienischen Kunstflugstaffel »Frecce Tricolori« in der Luft kollidierten und einem Feuerball gleich in die Zuschauermenge stürzten.

Flugshows gibt es inzwischen schon längst wieder, Überlebende und Angehörige der Opfer jedoch kämpfen immer noch um die zugesagte finanzielle Unterstützung. Von den psychischen Wunden der Verletzten und Hinterbliebenen redet keiner. Viele können die grauenhaften Bilder jenes Tages nicht vergessen, fühlen sich alleingelassen von Verwandten, die den Schrecken nicht miterlebten, von Behörden, die hartnäckig um jeden Pfennig feilschen. In Katrin Seybolds Film »Ich möchte immer darüber reden« (...) kommen die Leidtragenden zu Wort.

»Sie werden von Schuldgefühlen und Alpträumen gequält, können nicht mehr mit anderen feiern, vereinsamen und verkraften keine neuen Schicksalsschläge«, sagt der Psychologe Heiner Seidlitz, 47, der in Kaiserslautern eine Selbsthilfegruppe der Ramstein-Opfer betreut.

Erst vor kurzem fanden einige von ihnen die Kraft, an den Schauplatz des Horrors zurückzukehren. »Viele haben angefangen zu zittern und zu weinen, andere sind auf dem Flugfeld hin- und hergelaufen, um das Ereignis zu rekonstruieren«, so Seidlitz, »aber alle waren froh, daß es ihnen gelungen war, wieder ein Stück Abschied zu nehmen.« Er erinnert sich an eine Frau, die einen Strauß Heidekraut pflückte, von jener Wiese, auf der die Tochter den Tod fand. »Solche Wunden heilen nie, aber die Opfer müssen lernen, damit zu leben«, sagt der Psychologe.

Dabei hilft ihnen der fast familiäre Zusammenhalt der Gruppe, von deren Existenz manche nur durch Zufall und lange nach dem Unglück erfuhren. »Wir konnten nirgends die Adressen der Opfer erfahren, die Behörden verweigerten sie aus Datenschutzgründen«, beklagt Seidlitz, »Diese Menschen hätten sofort Hilfe gebraucht«.

Ähnliche Erfahrungen machten die Angehörigen in Herborn und in Borken, wo nach dem Grubenunglück Anfang Juni 1988 (51 Tote, sechs Bergleute wurden nach 65 Stunden gerettet) sehr schnell die »Stolzenbach-Hilfe« entstanden war. »So konnten wir verhindern, daß sich die Leidtragenden zurückziehen und verkriechen«, sagt Georg Pieper von der Werksfürsorge der PreussenElektra AG.

Daß langjährige Betreuung wichtig ist, zeigt sich erst jetzt. Einige Kinder, die bei dem Unglück ihre Väter verloren haben, leiden unter, so die Schulpsychologen, posttraumatischen Streß-Symptomen. Die Kinder sind aggressiv, haben Depressionen. »Das wichtigste ist«, so Heiner Seidlitz, »daß diese Menschen lernen zu sagen: ›Ich habe dem Grauen in die Augen geschaut, aber ich kann es ertragen.‹«

(Manuela Helbig, in: rtv. Das Fersehmagazin Ihrer Zeitung, Nr. 43, 1991)

Radevormwald:

NOCH IMMER HERRSCHEN TRAUER UND ZORN,
UND TIEFE GRÄBEN TRENNEN DIE MENSCHEN

Als wäre es gestern gewesen

> Vor 17 Jahren in Radevormwald: Ein Schienenbus und ein Güterzug
> prallen zusammen, 41 Kinder und fünf Erwachsene kommen ums
> Leben. Die Reportage des Journalisten Werner Schlegel erscheint
> zehn Tage nach dem Grubenunglück von Borken. Der Arbeitsgrup-
> pe Stolzenbachhilfe gibt der Artikel einen ganz wesentlichen An-
> stoß. Denn hier wird höchst eindringlich geschildert, was in einer
> Gemeinde geschieht, die von einem kollektiv erlebten Unglück
> betroffen ist und damit fertig werden muß – ohne organisierte,
> professionelle Hilfe. Der Zeitungsartikel dient der Arbeitsgruppe in
> der Folgezeit immer wieder als Warnung, es niemals so weit kom-
> men lassen zu dürfen.

Wer als Fremder in Dahlerau das Haus der beiden Brüder
Meyer sucht, hat damit einige Schwierigkeiten. Sie wohnen
mit ihren Familien im alten Bauernhof dieser kleinen oberber-
gischen Gemeinde. Versteckt liegt er am Fuß eines steilen Han-
ges, etwa zehn Meter unterhalb der Landstraße Wuppertal/
Beyenburg – Radevormwald. Von ihr führt ein schmaler steiler
Weg zu dem Gebäude hinunter. Das Haus ist ein Schmuck-
stück. Viel verschnörkelt geschnittenes Holz um Dachkanten,
Fenster und Türen herum, die Fassaden mit blauschwarzen
Schieferschindeln verkleidet. Dazu ein großer Garten, pickende
Hühner, schnatternde Gänse, zwei Katzen samt ihren Jungen.
Riesige Bäume schirmen das Idyll gegen die Landstraße hin
ab.

Nur gelegentlich passiert noch ein Güterzug den grasüber-
wucherten Bahnsteig zwischen den beiden Gleisen, die sich
vor und hinter ihm wieder zu einem einzigen vereinen. Der
offizielle Personenverkehr ist seit 1976 eingestellt, die Schie-
nen haben längst Rost angesetzt. Jahrelang, erzählte Friedhelm
Meyer, hätten sie »so etwas gesucht«, deshalb auch »sofort
zugegriffen, trotz allem«.

Trotz allem, das ist Donnerstag, der 27. Mai 1971. An diesem
kühlen, regnerischen Tag verlassen morgens gegen halb sechs

48 Kinder die Wohnungen ihrer Eltern in Radevormwald, einer Kleinstadt im Oberbergischen Kreis. Sie treffen sich am Bahnhof mit fünf Lehrkräften, einer Mutter und weiteren 12 Kindern, die aus umliegenden kleinen Weilern stammen. Die Jungen und Mädchen, überwiegend 14 Jahre alt, gehören den beiden Abschlußklassen 9a und 9b der städtischen Geschwister-Scholl-Hauptschule an. Zusammen mit den Erwachsenen brechen sie gegen sechs zu einer eintägigen Klassenfahrt nach Bremen auf.

Nach einem Museumsbesuch und einer Hafenrundfahrt dürfen die Kinder in Bremen einen Stadtbummel machen. Pünklich um 16 Uhr 30 finden sich alle zur Abfahrt auf dem Hauptbahnhof ein. Um 21 Uhr 06 sitzen sie in einem Schienenbus mit Anhänger, den die Bundesbahn unter der Zugnummer Eto 42227 außerplanmäßig für die Rückfahrt von Wuppertal-Oberbarmen nach Radevormwald eingesetzt hat. Als der Schienenbus den Bahnhof Beyenburg auf der eingleisigen Nebenstrecke Wuppertal-Radevormwald verläßt, nähert sich die Diesellok V 212-038-1 mit fünf Güterwaggons dem 560 Meter vor dem Bahnhof Dahlerau stehenden Einfahrtsignal im Schrittempo aus der Gegenrichtung. Das Signal zeigt Rot. Lokführer Kurt P. betätigt die Signalpfeife, die Einfahrt auf Gleis eins des Bahnhofs wird freigegeben. Die Weiche am westlichen Ausgang hat der Dahlerauer Fahrdienstleiter Gottfried Sengbart bereits so gelegt, daß der um 21 Uhr 15 erwartete Schienenbus hier auf Gleis zwei passieren kann, während der Güterzug auf dem anderen steht. Der Fahrdienstleiter nimmt – so sagt er später aus – den Signalstab Zp9 mit wahlweise einschaltbarem Grün- oder Rotlicht von der Wand, schaltet das Rotlicht ein, tritt auf den Bahnsteig und schwenkt die Kelle mehrfach hin und her. Der Güterzug bremst ab. In Höhe des Fahrdienstleiters angekommen, beschleunigt die Lok zu seinem Entsetzen plötzlich wieder, nachdem von ihr ein kurzer Pfiff ertönte. Sekunden später bricht der Zug die gestellte Weiche auf und verschwindet hinter einer Kurve. Gottfried Sengbart stürzt in das Dienstgebäude und greift zum Telephon.

Nach allen späteren Berechnungen muß es 21 Uhr 08 sein, als Ursula K., Klassenlehrerin der 9a, sich im Motorwagen des Schienenbusses von ihrem Platz in der 4. Reihe erhebt, um ihren Schülern und Schülerinnen zu erklären, daß der Unterricht am nächsten Tag wie gewöhnlich stattfindet. »Dienst ist Dienst, und Schnaps ist Schnaps« lautet ihr letzter Satz. Dann endet alles in dem donnernden Krachen, mit dem Schienenbus und Güterzug in voller Fahrt zusammenprallen.

Das bis heute folgenschwerste Zugunglück in der Geschichte der Bundesrepublik kostete 19 Mädchen und 22 Jungen das Leben. Zwei Lehrer starben und eine Mutter, auch der Triebwagenfahrer Wolfgang Schneider und sein Zugführer. Überwiegend schwerverletzt überlebten 21 Kinder und drei Lehrkräfte die Katastrophe. Unverletzt blieb ein einziger Junge. Unter schwerem Schock stehend lief er nach Hause. Auch Diesellokführer Kurt P. und sein Zugbegleiter kamen mit dem Schrecken davon.

Wo blieben die Spenden?

Für das 14 Kilometer entfernt gelegene Städtchen Radevormwald und seine rund 22 000 Einwohner begann eine Alptraumnacht. Pausenlos heulten die Sirenen von Krankenwagen, Polizeifahrzeugen und Feuerwehren durch die Straßen. Eltern versuchten verzweifelt an die Unfallstelle zu gelangen. Schaulustige, Betroffene und Helfer sahen Grauenhaftes. Großscheinwerfer ließen keine Zweifel an der entsetzlichen Realität zu.

Die 63-Tonnen-Lok hatte sich auf das Chassis des Motortriebwagens geschoben und dessen Fahrgastraum bis zur Hälfte zusammengestaucht. Aus dem Gewirr von zerfetztem, verbogenem Stahl und Blech gellten die Schmerzensschreie der Verletzten. Unfallgewohnte Polizeibeamte weinten; freiwillige Helfer, die zwei, drei der oft verstümmelten toten Kinder aus dem ersten Wagen geborgen hatten, wandten sich schluchzend ab. Um Mitternacht waren alle Verletzten geborgen. In Radevormwald hatte inzwischen der zweite Akt der Tragödie begonnen. In einer Turnhalle an der Bredderstraße spielten sich herzzerreißende Szenen ab. Dort identifizierten Eltern ihre toten Kinder.

Am Morgen lag eine Art Agonie über dem Städtchen. Sie hielt an bis Mittwoch nach Pfingsten, dem Tag der Beerdigung. Wie sehr Verzweiflung und Schmerz vor allem in den Angehörigen wüteten, macht eine Zahl deutlich: Über hundert Menschen brachen während der Trauerfeier auf dem Friedhof zusammen. Ein 58jähriger Mann, dessen Neffe unter den Toten war, erlitt einen Herzanfall. Er starb auf dem Friedhof.

Siebzehn Jahre später leiden die Betroffenen seelisch und körperlich noch immer an der Katastrophe. Wer verstehen will, was danach geschah, muß sich die ins Gedächtnis der Angehörigen eingebrannten Schreckensbilder in Erinnerung rufen. Die gemeinsame Leidenserfahrung hat die Menschen einander nicht näher gebracht. Statt Freundschaften entstanden – von einigen Fällen abgesehen – Feindschaften. Gräben brachen auf zwischen den Familien Überlebender und den Eltern getöteter Kinder. Eine weitere Front entstand zwischen den vom Unglück Betroffenen und der Stadt. Unter der scheinbar ruhigen Oberfläche des kleinstädtischen Alltags brechen die Konflikte hervor, sobald man daran rührt.

Die erste Kritik der Eltern galt den städtischen Behörden. Daß die Stadt außer in den ersten beiden Jahren am »Todestag nicht einmal einen Kranz für die Kinder übrig hat«, verstehen die Eltern nicht. Eine Mutter geht Tag für Tag zum Kommunalfriedhof, auf dem 28 Kinder und eine Erwachsene in zwei Reihengräbern bestattet sind (die übrigen Opfer wurden auf konfessionellen Friedhöfen beigesetzt). Nur mit einer Beruhigungsspritze übersteht sie jedesmal den 27. Mai ohne Zusammenbruch. Auch andere kommen in der »Rader Karwoche«, wie ein Vater die Zeit zwischen den Jahrestagen des Unglücks und dem Datum der Beerdigung nennt, nicht ohne Beruhigungsmittel aus.

Den Satz »als wäre es gestern gewesen« hört man immer wieder. Eltern erzählen, oft von stillem Weinen unterbrochen, wie der Sohn oder die Tochter morgens aus dem Haus ging, was sie als Letztes sagten. »Ich sehe sie noch alle vier oben an der Bredderstraße winken« erinnert sich Gisela P. am Abend des Jahrestages. Alle vier – ihre Tochter und drei Nachbarskinder, die nicht wiederkamen. Darunter auch der einzige Sohn von Anneliese St. Sie hat große gesundheitliche Probleme. Ihr Mann, »vorher kerngesund«, sagt sie, erlitt in den Jahren nach dem Unglück drei Herzinfarkte. Den letzten überlebte er nicht. Mehrere Väter im Alter zwischen 49 und 60 starben innerhalb von fünf Jahren nach der Katastrophennacht an Herzinfarkten oder Krebs. Für die Betroffenen ist ein Zusammenhang offensichtlich. Anneliese St.: »Wir haben alle einen Knacks weg seither.«

Daß diese Eltern, die den Klang eines Martinshorns nicht ertragen können, anderen vorwerfen, sie »verdrängen und vergessen« – kann es verwundern? Und es wird verdrängt. »Über die Dinge spricht ja kaum einer mehr, intern auch nicht«, sagt der stellvertretende Stadtdirektor Heinz Gestenberg. Für den »einzelnen, der in Bitterkeit erstarrt ist«, habe er zwar Verständnis, aber »der größte Teil der Betroffenen« beteilige sich »ja nicht mehr an solchen Dingen«. Vielmehr seien es »die ewigen Nörgler und die ewigen Unzufriedenen.«. Auch der damalige Bürgermeister Karl Schroer glaubt, Kritik käme nur von »einem ganz kleinen Prozentsatz der Eltern«.

Das stimmt nicht. Besonderen Groll hegen viele bis heute wegen der Spendenfrage. Zunächst aus Radevormwald, dann aus der ganzen Bundesrepublik und dem Ausland flossen Spenden für die Opfer auf ein Sonderkonto. Am 1. Juli 1971 betrug die Gesamtsumme 545 000 Mark, darunter eine von ihren sonstigen Entschädigungszahlungen (für jedes getötete Kind 20 000 Mark) unabhängige Großspende der Bundesbahn.

Von diesem Geld erhielten die Angehörigen der Toten je 3000 Mark. Die Restsumme wurde an die verletzten Überlebenden verteilt. Das dauerte fast zwei Jahre. Gutachter stellten Schwere sowie die möglichen Spätfolgen der erlittenen Verletzungen fest, eine eigens gebildete Spendenkommission entschied dann über die Höhe der Beträge. Dieser Kommission gehörten neben Ratsvertretern, dem Bürgermeister, einem Bundesbahnfunktionär, zwei Pädagogen, dem Kreisdirektor und Kirchenvertretern nur zwei betroffene Eltern an. Sie waren von der Eltern-Interessengemeinschaft gewählt worden und sollten deren Wunsch vertreten: Die gleichmäßige Verteilung an alle. Da man jedoch, so Elternvertreter Eugen Stahl, Stillschweigen über die Beratungen der Kommision bei deren Mitgliedern »vorausgesetzt hat«, erfuhren nur wenige der Betroffenen, welche Summen zur Verteilung anstanden und an wen sie gingen.

Die Folgen dieser Geheimniskrämerei waren fatal. Verdächtigungen und Gerüchte machten die Runde. Eltern der Verletzten wurde vorgeworfen, die sanierten sich »am Elend ihrer Kinder«. Und nicht nur von Angehörigen der Getöteten. Auch nicht betroffene Radevormwalder beteiligten sich an diesem Trauerspiel. Umgekehrt beschuldigten auch Eltern von Überlebenden Angehörige von Toten, sie seien »nur hinter dem Geld her«. Die Mutter eines schwerverletzen Mädchens sagt:»Wenn ich von denen jemand sehe, gehe ich so (sie weist mit der Hand geradeaus) daran vorbei«.

Von den jeweils »anderen« ungerecht behandelt fühlen sich viele bis heute. Noch immer ist die Spendenvergabe ein Thema. Offenheit wäre danach nötig gewesen, denn den Eltern ging es – so sagen alle Befragten – überhaupt nicht um das Geld. Daß Unbeteiligte betimmten, kränkte und kränkt sie. Theo M., Vater eines toten Sohnes:»Wenn man uns doch gefragt hätte, aber uns hat man einfach übergangen.« Wenn die Verantwortlichen später wenigstens öffentlich Rechenschaft abgelegt hätten, wäre er schon zufrieden gewesen, aber »man hat uns nie gesagt, wo die ganzen Spendengelder geblieben sind«.

Keine Blumen, nichts

Auch das Gedenkkreuz auf dem Kommunalfriedhof, eine von der Bundesbahn bezahlte Arbeit der Bildhauerwerkstatt des Klosters Maria Laach, war und ist ein Stein des Anstoßes. Der von fast allen Betroffenen befürwortete Alternativentwurf eines ortsansässigen Steinmetzes wurde im Stadtrat abgelehnt. Eine Mutter sagt:»Darüber waren wir alle empört!« Nicht zuletzt wegen der Sockelinschrift:»Von den vier Winden komme Geist und hauche über diese Toten, daß sie wieder lebendig werden (Ezech. 37/9)«. Manche finden sie zynisch. Von den überlebenden Opfern haben viele mit Gehirnquetschungen, Wirbelverletzungen und komplizierten Beinbrüchen Wochen und Monate in Krankenhäusern und Rehabilitationszentren verbracht. Bis heute leiden sie unter Schmerzen. Eine junge Frau bleibt an den Rollstuhl gefesselt. Zwischen ihnen und den Angehörigen der Umgekommenen besteht – von wenigen Ausnahmen abgesehen – auch noch 1988 eine tiefe Kluft.

Viele Eltern registrieren mit Verbitterung, daß »die überhaupt nicht mehr an unsere toten Kinder denken, nicht mal am Todestag, keine Blumen, nichts«. Die Angegriffenen, längst

selbst Familienväter und -mütter, weisen die Vorwürfe zurück:
»Man hat doch richtig Angst gehabt, zum Friedhof hinzuge-
hen und wieder und wieder Eltern zu treffen und diese Frage
zu hören: Warum lebst du und mein Kind nicht!« erzählt Jutta
F. Ein anderer Überlebender wehrt sich: »Gilt denn nur als
Trauer, was man nach außen zeigt?« Jutta F. hat zu den Gräbern
»keine Beziehung«. Sie wird von dem Gefühl beherrscht, »meine Kameraden liegen da gar nicht, weil sie irgendwie in meinem Innern weiterleben«.

Was ist versäumt worden in der kleinen Stadt? Woher das
Gefühl bei so vielen Eltern toter Kinder, mit dem Schmerz und
der Trauer alleingelassen zu sein? Weshalb dieses schmerzblin-
de Wüten gegen die Davongekommenen, wie es eine Lehrerin
jahrelang erdulden mußte?

Sie wurde von einigen Eltern für den Tod der Kinder verantwortlich gemacht und diskriminiert. Sie, die mit schwersten
Verletzungen überlebt hat und psychisch außerstande ist, je
wieder ein Klassenzimmer zu betreten, ist von diesen Erfahrungen gezeichnet. Reden will sie nicht darüber, Anklagen
liegen ihr fern. Nur einmal, am Nachmittag des 27. Mai, zeigen
sich kurz ihre seelischen Wunden. »Wer denkt denn an dieses
Mädchen, von denen allen?« fragt sie bitter, als wir die quer-
schnittgelähmte Karin Z. besuchen.

Und wer an Waltraud Schneider, die Ehefrau des getöteten
Triebwagenführers? Seit dem Tod ihres Mannes ist sie in psych-
iatrischer Behandlung. Sechs Jahre lang konnte sie ohne Begleitung überhaupt nicht aus dem Haus gehen, heute nur mit
Beruhigungstabletten. Auch sie fühlt sich seit 17 Jahren in
ihrem nicht enden wollenden Schmerz alleingelassen.

Oder Karin Binder, die Tochter des Dahlerauer Fahrdienstleiters Gottfried Sengbart. Sie muß mit dem unausrottbaren
Gerücht leben, ihr Vater habe sich ein Jahr nach der Katastrophe das Leben genommen. Aus Schuldbewußtsein. Aber dazu
hätte er keinen Grund. Zwar litt er furchtbar unter dem Geschehen, war aber fest davon überzeugt, daß der ersehnte
Prozeß ihm korrektes Verhalten am Unglückstag bescheinigen
würde. Doch am 28. Juni 1972 verunglückte er tödlich bei
einem unverschuldeten Autounfall. Einen Tag später schloß
die Wuppertaler Justiz die Ermittlungsakten. Die Schuldfrage
blieb ungeklärt.

Der Lokführer des Güterzuges, Kurt P., bittet eindringlich, seinen Wohnort geheimzuhalten. Weil man nicht wisse, »wie der eine oder andere da reagiert oder falsch denkt«. Natürlich hat auch er nicht vergessen, nur, »daß ich jetzt speziell an diesen Tag gedacht hätte, das glaube ich nicht«. Leidet er noch unter dem damaligen Geschehen? »Leiden, nein, das will ich nicht sagen!« Da ist er der einzige von allen Betroffenen an diesem 27. Mai 1988.

(Werner Schlegel, in: DIE ZEIT, 10. Juni 1988)

Mitglieder der Arbeitsgrupppe Stolzenbachhhilfe

Name	Beruf/Funktion
Dr. med. Akuffo, Ohene-Asa	praktischer Arzt Borken
Aue, Waltraud	Sozialarbeiterin, DRK Kreisverband Schwalm-Eder
Braumöller, Werner	praktischer Arzt Borken
Çetinyol, Nedret	Werksfürsorgerin, KBB*⁾
Jeep, Dieter	Pfarrer in Schlierbach
Karaçiçek, Eren	Diplom-Psychologin, Psychotherapeutin, KBB*⁾
Prof. Dr.med. Koptagel-Ilal, Günsel	Projektsupervisorin Professorin für Psychiatrie an der Universität Istanbul
Lenz, Roswitha	Sekretärin des Betriebsrates, KBB*⁾
Lohr, Elke	Lehrerin Konrektorin Grundschule Borken
Lohr, Walter	Bergwerksdirektor, KBB*⁾
Pieper, Georg	Diplom-Psychologe, Psychotherapeut, KBB*⁾
Prange, Eckhard	Lehrer, Pädagogischer Leiter Gesamtschule Borken
Römer, Luise	Werksfürsorgerin, KBB*⁾

*⁾ KBB = Kraftwerk und Bergbau Borken der PreussenElektra

Sari, Mehmet	Hodscha der islamischen Gemeinde in Borken
Schelberg, Helmut	Betriebsratsvorsitzender, KBB*⁾
Prof. Dr. med. Schüffel, Wolfram	Projektkoordinator Leiter der Abteilung für Psychosomatik, Zentrum für Innere Medizin, Universität Marburg
Schwarz, Heinrich	Pressesprecher Pfarrer in Borken
Simon, Martin	Pfarrer in Dillich, Neuenhain und Stolzenbach
Viernau, Margret	Betriebsärztlicher Dienst und Werksfürsorge, KBB*⁾
Dr. med. Wehe, Günter	Betriebsarzt, KBB*⁾
Würtz, Ralf	Geschäftsführer Hilfswerk Grube Stolzenbach PreussenElektra, Hannover

Zeitweilig arbeiteten in der Arbeitsgruppe Stolzenbachhilfe, neben anderen, folgende Personen mit:

Arslan	Hodscha der islamischen Gemeinde Borken
Bickert, Rainer	Pfarrer in Naßenerfurth, Trockenerfurth und Haarhausen
Brandtner, Andreas	Öffentlichkeitsarbeit PreussenElektra, Hannover
Çiftçibasi, Suna	Fürsorgerin Arbeiterwohlfahrt Kassel

---

*⁾ KBB = Kraftwerk und Bergbau Borken der PreussenElektra

Dalbay, Kadriye	Lehrerin Borken und Homberg
Göttel-Schwarz, Ilona	Diplom-Psychologin, Borken
Hamann, Hans-Heinz	Kaufmännischer Direktor, KBB*)
Siegmann, Jürgen	Kaufmännischer Direktor, KBB*)
Kilian, Ute	Lehrerin für ausländische Kinder Fritzlar
Krückeberg, Siegfried	Pfarrer in Borken
Mathieu, Michael	Pfarrer in Zimmersrode
Platte, Ernst	Personalabteilung KBB*)
Dr. med. Schaeffer, Christoph	Oberarzt Hardtwald-Klinik I Zwesten

---

*) KBB = Kraftwerk und Bergbau Borken der PreussenElektra

Ein Hilfsprogramm wie das, mit dem die Arbeitsgruppe Stolzenbach-hilfe rund 3½ Jahre lang systematisch, koordiniert und kontrolliert ihre Arbeit gemacht hat, entsteht erst in langwierigen Abstimmungs-prozessen. Es muß auf allen denkbaren hierarchischen Ebenen bei den beteiligten Hilfsorganisationen und Unternehmen abgestimmt werden – und damit konsensfähig sein –, dabei aber sehr pragma-tisch ausgerichtet werden, um wirklich eine Handlungs- und Ent-scheidungshilfe für die Praxis zu sein.

Hilfsprogramm

zur gesundheitlichen Betreuung der Betroffenen des Grubenunglücks in Stolzenbach bei Borken

– Dokumentation und Zielsetzung – (Stand: 2/89)

entwickelt von Prof. Dr. med. Wolfram Schüffel, Abteilung Psychoso-matik im Zentrum für Innere Medizin, Phillips-Universität Marburg und der Arbeitsgruppe Stolzenbach-Hilfe, bestehend aus Ärzten, Psychologen, Pastoren, Lehrern, deutschen und türkischen Sozialar-beitern der Region Borken und Mitarbeitern der PreussenElektra

gefördert von:
Hilfswerk Grube Stolzenbach
der PreussenElektra Aktiengesellschaft, Hannover

Inhaltsverzeichnis

Teil I

Teil II

1. Vorbemerkung

Das Hilfsprogramm zur gesundheitlichen Betreuung der Betroffenen des Grubenunglücks in Stolzenbach bei Borken basiert auf Empfehlungen, Erkenntnissen und Diskussionen der »Arbeitsgruppe Stolzenbach-Hilfe«. Die Gründung dieser Gruppe erfolgte am 02.06.1988, als die Helfergruppen benannt wurden. Die Konstituierung der Gruppe und die Festlegung der Sprecher dieser Gruppen vollzog sich am 09.06.1988.

Von Prof. Dr. Wolfram Schüffel wurden internationale Erfahrungen zur Bewältigung der Folgen ziviler Katastrophen in die Diskussionen eingebracht; ihre Umsetzbarkeit wurde von den vor Ort ansässigen Helfern besprochen. Das Hilfsprogramm entstammt regionalen Initiativen und ist zugleich an dem Stand internationaler Erfahrungen orientiert.

Diese Entwicklung soll fortgesetzt werden. Vor Ort werden Probleme, vorhandene Hilfsquellen und mögliche Vorgehensweisen besprochen, wobei die Erfahrungen des internationalen Standes ziviler Katastrophenhilfe berücksichtigt werden.

2. Zielbestimmung

Für die Betroffenen des Grubenunglücks in Stolzenbach werden Hilfen angeboten, die der Entstehung von Krankheiten und / oder Befindensstörungen sowie psychosozialer Dekompensation entgegenwirken.

2.1 Die Gruppen von Betroffenen sind:

1. Die 51 Toten, ihrer ist zu gedenken (vgl. 4.2)
2. Die 50 Familien der Toten und ihre 81 Kinder
3. Die 8 Überlebenden mit Verletzungen, die 6 Überlebenden ohne körperliche Schäden und die Familien dieser Männer insgesamt
4. Akut-Helfer: das Rettungspersonal im engeren Sinne: Grubenwehr Borken mit 9 Personen, Grubenwehr Hirschberg 21 Personen, Feuerwehr Borken 25 Personen, sonstige 16 Personen anderweitig eingesetzt.
5. Langzeit-Helfer: die Helfer im weiteren Sinne: DRK-Helfer, vor allem 5 DRK-Helfer Borken, die an der Umbettung beteiligt waren, die Gruppe der hauptamtlich oder ehrenamtlich Eingesetzten, hierunter die Sozialarbeiter, Seelsorger, Pädagogen.
6. Die Arbeitskollegen, insbesondere Betriebsleitung.
7. Personen, die Verantwortung verschiedener Art zu tragen haben

und die häufig nicht in die Überlegungen mit einbezogen werden, deren Reaktionen aber u. U. von ausschlaggebender Bedeutung sein können

2.2 Hilfsangebote sind: (in Bezug auf die Gruppen 1 – 7)

- Motivierung zur Kontaktsuche bzw. zur Kontaktaufnahme untereinander
- Erstellen des Kontaktes zwischen Betroffenen und Hilfeleistenden
- Regelmäßige Gruppentreffen
- Beratungen
- Untersuchungen
- Hausbesuche
- Debriefing
- Behandlungen (ambulante, stationäre).

Die Hilfsangebote werden im Abschnitt »4. Maßnahmen« definiert. Eine Beurteilung der Wirksamkeit jedes Hilfsangebotes ist vorgesehen.

3. Problemerfassung

3.1 Grundsätzliches Vorgehen

Das Hilfsprogramm beruht auf einem personen-, d. h. fallbezogenen Vorgehen. Hierdurch wird es möglich, in gezielter Weise Beschwerden in qualitativer Weise zu erfassen und erforderlichenfalls individuelle Behandlungsmöglichkeiten zu realisieren.

Im Gegensatz hierzu kann ein gruppenbezogenes Vorgehen, das in der älteren Literatur empfohlen wird, lediglich dazu dienen, quantitative Beurteilungen der anfallenden Probleme zu ermöglichen. Es erlaubt im vorliegenden Fall die Zahl der Betroffenen anzugeben; keinesfalls erlaubt es, die Art der Probleme vorauszusagen. Aus der jüngeren Forschung zur zivilen Katastrophenbewältigung geht hervor, daß z. B. Katastrophenhelfer unter Umständen stärker unter Beschwerden leiden können, als die unmittelbar Betroffenen (Raphael, 1986).

Dagegen bezieht das Hilfsprogramm familiäre und gemeindebezogene Kriterien ein. Spätestens mit Beginn der 80er Jahre wurde deutlich, daß Kinder bei Katastropheneinwirkungen u. U. schwerer und langwieriger geschädigt werden, als die gleichermaßen betroffenen Erwachsenen (Elizur, 1982; Terr, 1985).

Das Unglück von Stolzenbach ist mit den großen Katastrophen der letzten Zeit (Ramstein, 1988; Piper alpha, 1988; King's Cross, 1987; Herald of Enterprise, 1986) nur bedingt vergleichbar, da sich die Katastrophe in einem intakten Gemeindewesen mit generationenalten, gewachsenen Bindungen ereignete. Sie ermöglichte nicht nur die spontane Hilfe der Frauen von Stolzenbach in den ersten Stunden nach dem Unglück, sondern auch die Bildung der »Arbeitsgruppe Stolzenbach-Hilfe« als Ausdruck einer regionalen Selbsthilfe und des »Hilfsfonds Grubenunglück Stolzenbach« als Ausdruck einer Sammlung aller bedeutsamen politischen und sozialen Kräfte der Region. Parallel hierzu wurde das »Hilfswerk Grube Stolzenbach« der PreussenElektra eingerichtet.

Nahezu alle der nachfolgend verzeichneten Maßnahmen vollziehen sich unter Mitwirkung der regionalen Selbsthilfe bzw. unter Bezug auf die gewachsenen sozialen Beziehungen vor Ort. In der Arbeitsgruppe und bei der PreussenElektra ist man gewillt, aus der bedrückenden und negativen Erfahrung der Katastrophe in Radevormwald (DIE ZEIT, 10.06.1988) Konsequenzen zu ziehen und die Bezüge zur weiteren Entwicklung der Stadt Borken zu pflegen.

3.2 Das PTSD

Zur Beurteilung der Situation des einzelnen Betroffenen wird gefragt, inwieweit Merkmale der Post Traumatic Stress Disorder, des PTSD (DSM III-R, 1987) nachzuweisen sind. Die Zeichen des PTSD werden erfaßt. Eingeschlossen ist ein körperlicher Untersuchungsstatus. Berücksichtigt wird eine Subkategorie des traumatischen Stresses, die zur Entwicklung des Vollbildes von PTSD führen kann (...).

Bei Kindern und Jugendlichen werden entwicklungsspezifische Symptome einschließlich Schul- und Spielstörungen erfaßt (Terr, 1985; Elizur, 1979).

Die Kategorien des PTSD

3.2.1 Der Betroffene hat eine traumatische Erfahrung gemacht, die üblicherweise als ernsthaft und lebensbedrohlich eingeschätzt wird.

3.2.2 Das zugrundeliegende traumatische Ereignis wird in der Regel zumindestens in einer der nachfolgenden Weisen wiederholt durcherlebt:

– wiederkehrende und verletzende Erinnerungen (bei Kindern

zwanghaftes Durchspielen von Themen, die mit dem Ereignis
verbunden sind)
- Alpträume
- plötzliches Agieren oder Fühlen, als ob das Ereignis erneut ein-
  trete
- intensive Belastung bei Ereignissen, die das traumatische Ereignis symbolisieren oder hieran erinnern.

3.2.3 Anhaltendes Vermeiden von Bildern, die an das Trauma erinnern oder eingeschränkte Reaktionsbereitschaft; nachzuweisen mit
Hilfe von mindestens 3 der folgenden Reaktionen (die vorher nicht
vorhanden waren):

- Bemühungen, Gedanken oder Gefühle zu vermeiden, die mit
  dem Trauma verbunden sind
- Bemühungen, Aktivitäten oder Situationen zu vermeiden, die
  Erinnerungen an das Trauma auslösen
- Unfähigkeit, einen wesentlichen Aspekt des Traumas zu erin-
  nern
- Deutlich vermindertes Interesse an bedeutsamen Aktivitäten (bei
  Kindern Verlust soeben erworbener Fähigkeiten wie z. B. Sauber-
  keit)
- Gefühle sozialer Isolierung
- Gefühl, nur bedingt empfinden zu können
- Empfinden einer inhaltlich leeren Zukunft.

3.2.4 Anhaltende Erregungszustände, charakterisiert durch zumindest zwei der folgenden Merkmale (vorher nicht vorhanden):

- Ein-, Durchschlafschwierigkeit
- Reizbarkeit, Wutausbrüche
- Konzentrationsschwierigkeiten
- Überdrehtheit (Hypervigilanz)
- Überzogene Reaktionsbereitschaft
- Physiologische Übererregbarkeit bei umschriebenen, mit dem
  Trauma verbundenen Auslösern

3.2.5 Dauer der Störung (Symptome wie aufgezählt unter 3.2.2, 3.2.3,
3.2.4) mindestens 1 Monat.

3.2.6 Subkategorien traumatischen Stresses, die sich zum Vollbild
des PTSD ausweiten können:

- Unverhältnismäßiges Gefühl der Beschämung
- Selbstbezichtigungen

- Gefühl der Bedeutungslosigkeit
- Selbsthaß
- Paradoxe Dankbarkeit gegenüber Verfolgern
- Gefühl abzustoßen
- Sexuelle Behinderung
- Resignation

Grundsätzlich gilt die Regel, daß alle aufgeführten Symptome und Beschwerden normale Reaktionen sind, die bei schwerster Belastung auftreten. Sie haben nichts mit Abnormalität oder gar psychiatrischen Problemen zu tun.

3.3 Zur Beurteilung der familiären und der weiteren sozialen Situation werden Gespräche und Erhebungen zur Qualität sozialer Unterstützung durchgeführt.

4. Maßnahmen

Die Maßnahmen begannen am 01.06.1988, als sich Helfer in großer Zahl spontan meldeten. Am 02.06. setzten die Maßnahmen hinsichtlich eines lang angelegten Hilfsprogrammes im vorliegenden Sinne ein, als Prof. Dr. Schüffel in Absprache mit dem Werksarzt der PreussenElektra, Dr. Wehe auf die einzelnen Gruppen der Helfer zuging und eine Koordination der Hilfsmaßnahmen anregte. Am Freitag, den 03.06. kam es zur ersten formellen Vorbesprechung. Am Donnerstag, 09.06.88 (d.h. 1 Tag nach der Trauerfeier) konstituierte sich dann die »Arbeitsgruppe Stolzenbach-Hilfe«. Die Arbeit wurde damit aufgenommen, daß die Problemgruppen definiert und die ersten Maßnahmen besprochen wurden. In der Folgezeit traf sich die Arbeitsgruppe 14tägig, nach den großen Ferien des Jahres 1988 vierwöchentlich.

4.1 Hausbesuche

Die Hausbesuche der Familien der betroffenen Mitarbeiter der PreussenElektra stellen das Rückgrat der Arbeit dar. Hier werden die jahrelangen Kontakte zu den Mitarbeitern und ihren Familien gepflegt, wichtige Informationen aufgenommen und erforderliche Hilfsangebote vorbereitet. – In der Arbeit sind auch Kriseninterventionen enthalten und wurden vor allem unmittelbar nach dem Unglück gehäuft durchgeführt.
     (...)

4.2 Fallbesprechungen

Die Fallbesprechung der Betroffenen innerhalb der oben aufgeführten Gruppen 2. und 3. (4. – 6.) entsprechend den Richtlinien bei Problemerfassung (s. 3.) und entsprechend Schema (s. Anhang 1) finden 4stündlich/14tägig statt.

Die Verläufe der Angehörigen der Gruppe 2. und 3., also der Familien der Toten, ihrer Kinder und der Überlebenden werden regelmäßig monatlich gesichtet; die Verläufe der Angehörigen der Gruppen 4. – 6. ensprechend eingehenden Informationen und dem Bedarf. Zu den Toten: Es wird dafür Sorge getragen, daß ihrer am 01. Juni sowie zu besonderen Anlässen gedacht wird.

Die Fallbesprechungen dienen der laufenden Problemerfassung bei dem einzelnen hilfsbedürftigen Betroffenen. Untersuchungsergebnisse werden daraufhin beurteilt, inwieweit sie Hinweise auf das Vorliegen eines PTSD ergeben. Die entsprechenden Maßnahmen werden hier erarbeitet. Es wird festgelegt, wie die Empfehlungen an die Betroffenen gelangen.

Die Fallbesprechungen laufen nach folgendem festgelegten Schema ab (...):

- Befinden
- Hauptbeschwerden
- Vorgeschichte; Phasen bisheriger Gesundheit/Anfälligkeiten
- Familienanamnese
- Soziale Integration und Bedrohungen
- Wichtigste Hilfspersonen im Hinblick auf Gesundheit, allgemein; im Hinblick auf das Grubenunglück
- Symptombefragung entsprechend PTSD; Subkategorien (s. 3.2)
- Untersuchungsbefund einschließlich Untersuchungsbefunde aus Labor etc.
- Beurteilung: Vermutliche Bedeutung dem Traumas (Was wurde reaktiviert, Verletzung der Integrität, Hinweise auf Chronifizierungen, Störungen im sozialen Bereich im Sinne von sich anbahnenden Persönlichkeitsveränderungen)
- Welche Perspektiven bieten sich für den Betroffen?

(...)

4.3 Einrichten einer Informations- und Beratungsstelle Stolzenbach

In dieser Stelle finden regelmäßig Informationen und Beratungen statt.

Ort: Haus der Werksfürsorge und des werksärztlichen Dienstes

Einzel- und Gruppensitzungen mit therapeutischem Charakter werden losgelöst von diesem Ort, in einer anzubietenden Räumlichkeit zentral gelegen angeboten.

4.4 Einzelmaßnahmen im pädagogischen, psychologischen und seelsorgerischen Bereich

4.4.1 Kontaktaufnahme und Motivation zur Aufnahme von Hilfsangeboten bzw. deren Fortsetzung durch:

Information über Art der Angebote an breitere Gruppierungen: Betroffene, Angehörige, potentielle Helfer und allgemein Interessierte
(...)

4.4.2 Lehrer-/Eltern-, Lehrer-/Lehrer-, Lehrer-/Schülergespräche:

Zur Vermittlung von üblichen Abläufen nach schweren Belastungen und Wissen über Möglichkeiten der Förderung von Bewältigungsstrategien; Wo ist eine Intervention nötig, was erledigt sich von allein?
(...)

4.4.3 Seelsorgerische Gespräche einschließlich der Hausbesuche von Seelsorgern bei betroffenen Familien, Helfern, Teilnahme an speziellen Treffen mit Türken, Predigten, die den Trauerprozeß fördern; Gespräche mit Nichtbetroffenen.
(...)

4.4.4 Spezielle, auf die türkische Gruppe gezielte Maßnahmen, die zur Förderung der Kommunikation führen:

14tägige Versammlungen, Deutschkurs, Nähkurs, Lese-/Schreibkurs; Kleingruppentreff; Bearbeitung von Schulproblemen; in speziellen Problemen Beistand leisten.
(...)

4.5 Therapeutische Maßnahmen

4.5.1 Debriefing, d. h. unter Anleitung und in einem stufenweisen Vorgehen, Erfahrungen emotional nachvollziehen, die man bisher von sich geschoben hat und die dann notwendigerweise in Alpträumen, körperlichen Symptomen etc. zum Vorschein kamen.

Dieses Debriefing stellt ein Basisarbeiten dar. Angesprochen werden die Angehörigen der Gruppen 2., 3., 4. Ihre Mitglieder kommen

in Kleingruppen zusammen. Diese Kleingruppen umfassen 6 – 12 Mitglieder. Je nach Entwicklung werden die Kleingruppen zu größeren Gruppen zusammengeführt. – Grundsätzlich steht diese Arbeit den Angehörigen der Gruppen 5. – 7. offen. Vorgesehen sind 16 Sitzungen pro Teilnehmer. Aus den Gruppen 3. und 4. (N = 85) wird mit dem Erscheinen von einem Drittel der Beteiligten gerechnet. Der Bedarf in den Gruppen 5. – 7. ist derzeit nicht einzuschätzen. Beginn: 01.12.1988.
(...)

4.5.2 Werksärztliche Untersuchungen
Untersuchung aller Angehörigen der einzelnen Gruppen 2. – 4. und je nach Bedarf der Gruppen 5., 6., 7. – Im Verlauf der Untersuchung ist insbesondere zu beurteilen, ob eine psychotherapeutische Maßnahme erforderlich wird. Rücksprachen mit den Hausärzten sind vorgesehen.
(...)

4.5.3 Hausärztliche Interventionen
(...)
Hausärztliche Interventionen bei Ausländern
(...)

4.5.4 Psychosomatisch/psychotherapeutische Interventionen, ambulant
(...)

4.5.5 Psychosomatisch/psychotherapeutische Interventionen bei Kindern
(...)

4.5.6 Psychosomatisch/psychotherapeutische Interventionen, stationär insbesondere fachklinisch
(...)

4.5.7 Auf die türkische Gruppe gerichtete sozialarbeiterische Maßnahmen und Abstimmung aller Einzelmaßnahmen auf das Gesamtprogramm im Rahmen einer hauptamtlichen Tätigkeit.
(...)

5. Überprüfung der Wirksamkeit

Regelmäßiges Sichten der eingehenden Befunde, der Ergebnisse der Fallbesprechungen, der Beurteilungen der therapeutischen Ergebnisse, unter der Voraussetzung der Einwilligung der Betroffenen.
Dies geschieht im Hinblick auf die Gruppen 2. – 6.
(...)

6. Supervision*

(...)

7. Dokumentation

Diese erfolgt fallbezogen. Die hier verwendeten Erhebungsmittel sind in einer gesonderten Anlage aufgeführt.
(...)

8. Koordination

In zwei Bereichen ist eine Koordination erforderlich:

8.1 Therapeutischer Bereich

Hier erfolgt die Absprache der therapeutisch Tätigen. Sie werden repräsentiert durch die Koordinatoren: (...).

8.2 Gesamtprojekt »Psychosoziale Hilfen« im Rahmen der Arbeitsgruppe Stolzenbach-Hilfe

Hier ist noch eine definitive Aufgabenzuweisung an die einzelnen Mitglieder der »Arbeitsgruppe Stolzenbach-Hilfe« erforderlich.

9. Evaluation

9.1 Mit Hilfe von Fallbesprechung alle 14 Tage, die nach standardisiertem Muster erfolgt.

9.2 Heranziehen von Zusatzbefunden, auswärtige Untersuchungsstellen (unter schriftlicher Einverständniserklärung der Betroffenen).

9.3 In Anlehnung an das britische Vorgehen (King's Cross) unter

---

* Die Durchführung der Supervision wurde für alle Gruppen einzeln geregelt.

Mitwirkung durch kaufmännisch erfahrene Mitarbeiter erfolgt Beurteilung der Kosten.

10. Zielüberprüfung

Zielvorstellungen und Ergebnisse werden jährlich gegenübergestellt. Unter Berücksichtigung der abgelaufenen Strategieüberprüfung kommt es zur Fortführung und zur Weiterentwicklung der Zielvorstellungen.

Jährlich wird zum 01.06. ein Rechenschaftsbericht erstellt.

(…)

Das Hilfsprogramm erstreckt sich zunächst bis zum 31.12.1991. Die Hilfen für die Kinder werden längerfristig geplant. Nach internationalen Erfahrungen können derartige Maßnahmen 10 Jahre und länger erforderlich werden. Strategie- und Zielüberprüfungen werden erweisen, wie weitere Hilfsmaßnahmen durchzuführen sind.

Teil II

1. Vorbemerkung

In der »Arbeitsgruppe Stolzenbach-Hilfe« wurde die Förderung der wissenschaftlichen Begleitarbeit kontrovers diskutiert. Es bestanden große Befürchtungen, die Interessen der Betroffenen würden übergangen, Wissenschaft werde zum Selbstzweck. In dem Maße, wie Umrisse eines konkreten Hilfsangebotes entstanden, wurde gesehen, daß eine verläßliche Dokumentation von unschätzbarem Wert sein kann, um einzelne, d. h. persönliche Entwicklungen zu verfolgen und erforderlichenfalls rechtzeitig Hilfe anzubieten. Unsere eigenen Erfahrungen könnten dann anderen darüberhinaus zugänglich gemacht werden. Die Mitglieder der »Arbeitsgruppe Stolzenbach-Hilfe« befürworteten schließlich eine wissenschaftliche Begleitarbeit. Einzelne Mitglieder erklärten sich bereit, bei der Werbung von Drittmitteln aktiv zu werden.

Es wurde von der Arbeitsgruppe akzeptiert, daß sich die Förderung der PreussenElektra auf die Betreuung der Betroffenen beschränkt.

2. Strategieüberprüfung

Im Rahmen der wissenschaftlichen Arbeit wird das inhaltliche, organisatorische und ökonomische Vorgehen in jährlichen Abständen überprüft.

An der Überprüfung beteiligen sich alle diejenigen Mitglieder der Arbeitsgruppen, die ihr besonderes Interesse anmelden. Das sind vornehmlich: (…).

Zu ihrer Unterstützung wird ein wissenschaftlicher Beirat zusammengestellt. Der wissenschaftliche Beirat trifft sich mit diesen Personen jährlich. (…).

Ferner kommen, sofern diese es für sinnvoll ansehen, die Supervisoren hinzu.

(…)

Hilfswerk Grube Stolzenbach

Die PreussenElektra AG, Hannover, errichtet anläßlich des Unglücks am 01.06.1988 in der Grube Stolzenbach das »Hilfswerk Grube Stolzenbach«.

Aus den Mitteln dieses Hilfswerks wird den Hinterbliebenen der tödlich Verunglückten, insbesondere ihren Kindern, sowie den Verletzten und Geretteten sofortige und langfristige Unterstützung geleistet.

Für die Handlungen dieses Hilfswerks gilt die folgende Satzung.

Satzung Hilfswerk Grube Stolzenbach

§ 1   Name und Sitz
§ 2   Zweck des Hilfswerks
§ 3   Mittel des Hilfswerks
§ 4   Organe des Hilfswerks
§ 5   Die Geschäftsführung
§ 6   Das Kuratorium
§ 7   Leistungen
§ 8   Auflösung des Hilfswerks
§ 9   Inkrafttreten

Hilfswerk Grube Stolzenbach – Satzung –

§ 1 Name und Sitz

1. Das Hilfswerk führt den Namen

Hilfswerk Grube Stolzenbach

2. Das Hilfswerk ist keine eigenständige juristische Person, sondern ein Bestandteil der PreussenElektra AG mit eigenständiger Organisationsform.

3. Es hat seinen Sitz in Hannover.

§ 2 Zweck des Hilfswerks

1. Vorrangiger Zweck des Hilfswerks ist, den
Witwen
Waisen
Eltern der Verstorbenen
Geretteten/Verletzten
des Grubenunglücks in der Grube Stolzenbach finanzielle Unterstützung zukommen zu lassen.

2. Der Kreis der Unterstützungsberechtigten kann vom Kuratorium erweitert werden.

3. Ein Rechtsanspruch auf Leistung besteht für die unter 1 genannten Personen nicht.

§ 3 Mittel des Hilfswerks

1. Die Mittel des Hilfswerks ergeben sich aus

- dem Grundkapital in Höhe von DM 3 Mio., eingebracht durch die PreussenElektra AG
- Geldern, die von Betriebsräten und aus der Belegschaft für nicht durchgeführte Betriebsfeste, Jubiläen sowie Verabschiedungen zur Verfügung gestellt werden.
- Spenden durch natürliche und juristische Personen
- Zinsen und sonstige Erträgen

2. Aufwendungen für die Verwaltung des Hilfswerks trägt die PreussenElektra. Die Mitarbeit in den Organen des Hilfswerks ist ehrenamtlich.

§ 4 Organe des Hilfswerks

1. Die Organe des Hilfswerks sind die Geschäftsführung und das Kuratorium. Ihre Mitglieder ergeben sich aus § 5 und § 6.

2. Die Mitglieder der Organe scheiden mit der Beendigung ihrer

Dienstzeit aus dem Hilfswerk aus. Nachfolger werden vom Vorstand der PreussenElektra in Abstimmung mit dem Gesamtbetriebsrat berufen.

§ 5 Die Geschäftsführung

1. Die Geschäftsführung besteht aus dem Geschäftsführer
   Abteilungsleiter Sozialwesen der PreussenElektra
   und dem stellvertretenden Geschäftsführer
   Abteilungsleiter Personalverwaltung PreussenElektra.

2. Die Geschäftsführung hat die Aufgaben

   - Verwaltung des Hilfswerks
   - Einladungen zu den Kuratoriumssitzungen
   - jährlich und jederzeit auf Verlangen des Kuratoriums über die Verwaltung Bericht zu erstatten
   - innerhalb des ersten Vierteljahres nach Schluß des Geschäftsjahres den Jahresabschluß vorzulegen.

3. Die Geschäftsführer vertreten das Hilfswerk gemeinsam bzw. mit dem Vorsitzenden des Kuratoriums.

§ 6 Das Kuratorium

1. Das Kuratorium besteht aus folgenden 8 Mitgliedern

   - dem Vorstandsvorsitzenden der PreussenElektra
   - dem Arbeitsdirektor der PreussenElektra
   - dem Bezirksleiter der IGBE Hessen
   - dem GBR-Vorsitzenden der PreussenElektra
   - dem BR-Vorsitzenden des Kraftwerks und Bergbau Borken
   - dem kaufmännischen Leiter des Kraftwerks und Bergbau Borken
   - Herrn Fritz Albrecht
   - der Sozialhelferin des Kraftwerks und Bergbau Borken.

2. Das Kuratorium gibt sich eine Geschäftsordnung.

3. Das Kuratorium wählt aus seiner Mitte einen Vorstand bestehend aus einem Vorsitzenden und zwei stellvertretenden Vorsitzenden.

4. Der Vorstand des Kuratoriums hat die Aufgaben

   - die Geschäftsführung zu überwachen
   - Satzungsänderungen zu beschließen.

§ 7 Leistungen

1. Leistungen in Form von finanziellen Beihilfen können vorrangig beantragen

- Witwen
- Waisen
- Eltern/Elternteil des Verstorbenen
- Gerettete/Verletzte

2. Der Leistungsumfang wird in der vom Kuratorium zu beschließenden »Richtlinie für Beihilfengewährung« festgelegt.

3. Die Leistungen werden nur gewährt, sofern sie nicht von Sozialversicherungsträgern, Krankenkassen, Arbeitsverwaltung oder Versicherungen übernommen werden.

4. Der Leistungsumfang, der in der »Richtlinie für Beihilfengewährung« festgelegt ist, kann vom Kuratorium erweitert werden.

§ 8 Auflösung des Hilfswerks

1. Die Auflösung des Hilfswerks kann frühestens zum 31.12.2005 durchgeführt werden, wenn

- alle Anträge bearbeitet sind
- für alle Waisen die nach der »Richtlinie für Beihilfengewährung« festgelegte Ausbildungsunterstützung sichergestellt ist.

2. Das bei der Auflösung vorhandene Kapital des Hilfswerks wird nach Beschluß des Kuratoriums in Abstimmung mit dem Gesamtbetriebsrat einer gemeinnützigen bzw. mildtätigen Institution übertragen.

§ 9 Inkrafttreten

Die Satzung des Hilfswerks tritt im Einvernehmen mit dem Gesamtbetriebsrat nach Beschluß des Vorstandes der PreussenElektra AG am 01.07.1988 in Kraft.

Hannover, 01.07.1988

Vorstand   Gesamtbetriebsrat

Hilfswerk Grube Stolzenbach

Richtlinie für Beihilfengewährung

Das Kuratorium des »Hilfswerks Grube Stolzenbach« erläßt über die Gewährung von Beihilfen im Rahmen der Leistungen gem. 7 Abs. 2 folgende Richtlinien.

Beihilfen werden vorrangig angeboten für Witwen, Waisen, Eltern/Elternteile, Gerettete/Verletzte.

Insbesondere sollen folgende Leistungen gewährt werden:

1. Witwen
– Erholungsmaßnahmen (Kuren)
– ärztliche Nachsorgebehandlungen
– berufliche Fortbildungsmaßnahmen zur Wiedereingliederung in das Berufsleben
– Umzugskosten, wenn der bisherige Wohnort verlassen wird
– Übersiedlungskosten in die Türkei
– Kostenübernahme für Beratung in Rechtsangelegenheiten

2. Waisen
– Finanzierung von Kindertagesstätten- und Kindergartenplätzen
– monatliche Ausbildungsunterstützung vom 16. – 25. Lebensjahr auf Nachweis für Schul-, Berufsausbildung und Studium
– Kostenübernahme für Beratung in Rechtsangelegenheiten

3. Eltern/Elternteile des Verstorbenen
– Erholungsmaßnahmen (Kuren)
– ärztliche Nachsorgebehandlung

4. Gerettete/Verletzte
– Erholungsmaßnahmen (Kuren)
– ärztliche Nachsorgebehandlung
– Umschulungsmaßnahmen für evtl. Arbeitsplatzwechsel innerhalb der PreussenElektra AG.

5. Helfer
– ärztliche Nachsorgebehandlung
– Erholungsmaßnahmen (Kuren)
– Fahrtkostenübernahme anläßlich Kuren

Die Leistungen werden nur gewährt, wenn die Bedürftigkeit nachgewiesen werden kann bzw. nicht von Sozialversicherungsträgern, Krankenkassen, Arbeitsverwaltung oder Versicherungen übernommen werden.

Hannover, 24.08.1988   Vorstand des Kuratoriums

Organisationsstatut des Kuratoriums
»Hilfsfonds Grubenunglück Stolzenbach«

§ 1
Bildung des Kuratoriums

Auf der Grundlage des Magistratsbeschlusses vom 16.06.1988 bilden
die unterzeichneten Vertreter

der Stadt Borken (Hessen),
der Gemeinden Neuental und Zwesten,
des Schwalm-Eder-Kreises,
der PreussenElektra,
der Kirchen,
der relevanten Wohlfahrtsorganisationen,
der türkischen Gemeinschaften,
der Banken und der Rechtspflege

das Kuratorium »Hilfsfonds Grubenunglück Stolzenbach«.

§ 2
Zweck und Aufgaben des Kuratoriums

Das Kuratorium übernimmt die Aufgabe, die der Stadt Borken (Hessen) auf den eigens dafür eingerichteten Konten zugunsten der
Hinterbliebenen des Grubenunglücks zugeflossenen Gelder sowie
die Sachspenden und sonstige Zuwendungen zu verwalten und zweckentsprechend zu verwenden. Zweckentsprechende Verwendung
bedeutet, daß die Mittel ausschließlich den Hinterbliebenen/Opfern
des Grubenunglücks zugute kommen.

Das Kuratorium dient damit ausschließlich und unmittelbar gemeinnützigen Zwecken. Seine Mitglieder sind am Vermögen nicht
beteiligt und ehrenamtlich tätig. Sie erhalten keinerlei Vergütung
oder Auslagenersatz. Hinsichtlich der Verwendung der Mittel soll
der Rechtsweg ausgeschlossen sein.

§ 3
Mitglieder des Kuratoriums

Das Kuratorium besteht aus 22 Mitgliedern, die sich aus Funktionsträgern der in §1 genannten Gruppierungen wie folgt zusammensetzen.
a) Stadt Borken (Hessen) = 3 Vertreter
b) Gemeinden Neuental und Zwesten = 2 Vertreter
c) Schwalm-Eder-Kreis = 2 Vertreter

d) Betriebsleitung, Betriebsrat und Werkfürsorge der PreussenElektra = 4 Vertreter
e) Kirchen = 3 Vertreter
f) relevante Wohlfahrtsorganisationen = 2 Vertreter
g) türkische Gemeinschaften = 2 Vertreter
h) Banken und Rechtspflege = 4 Vertreter

Die persönliche Mitgliedschaft ergibt sich aus den Unterzeichnern des Statuts. Das Mitglied kann sich durch seinen Vertreter im Amt vertreten lassen. Die Mitgliedschaft endet, wenn das Mitglied nicht mehr seiner Gruppierung angehört. Scheidet ein Mitglied aus dem Kuratorium aus, rückt ein Angehöriger seiner Gruppierung nach. Das neue Mitglied bedarf der Bestätigung durch die Kuratoriumsversammlung.

§ 4
Organe des Kuratoriums

Organe des Kuratoriums sind
a) die Kuratoriumsversammlung
b) der Kuratoriumsvorstand.

Die Kuratoriumsversammlung berät und beschließt über alle Angelegenheiten von grundsätzlicher Bedeutung.

Der Kuratoriumsvorstand bereitet die Beschlüsse vor, führt sie aus und besorgt die laufenden Geschäfte. Der Kuratoriumsvorstand wird gebildet aus dem Vorsitzenden, der auch der Kuratoriumsversammlung vorsteht, dem Vertreter der Rechtspflege und dem Schriftführer sowie fünf Beisitzern.

Geborener Vorsitzender ist der Bürgermeister der Stadt Borken (Hessen). Die fünf Beisitzer werden aus der Mitte des Kuratoriums gewählt und sollten sich auf die einzelnen Gruppierungen verteilen.

§ 5
Geschäftsführung

Der Vorstand bedient sich bei der Geschäftsführung der Stadtverwaltung Borken (Hessen). Diese stellt auch die Schriftführer für die Organe.

§ 6
Einberufung zu den Sitzungen

Die Organe treten so oft zusammen, wie es die Aufgabenstellung bzw. die Ereignisse erfordern; die Kuratoriumsversammlung ist mindestens zweimal pro Jahr einzuberufen. Für das Einladungsverfahren gelten die Vorschriften der HGO.

§ 7
Beschlußfähigkeit

Die Organe sind beschlußfähig, wenn mehr als die Hälfte ihrer statutengemäßen Mitglieder anwesend ist.

§ 8
Abstimmung und Wahlen

Für Abstimmungen und Wahlen sind die jeweils geltenden Bestimmungen der HGO anzuwenden.

§ 9
Niederschriften

Über den wesentlichen Inhalt der Sitzungen beider Organe ist eine Ergebnisniederschrift zu fertigen. Sie ist von dem Schriftführer sowie dem Vorsitzenden zu unterzeichnen und den Mitgliedern abschriftlich zuzuleiten.

§ 10
Verschwiegenheit

Alle Beteiligten sind verpflichtet, persönliche oder sachliche Verhältnisse, die den gemäß § 2 begünstigten Personenkreis betreffen, vertraulich zu behandeln und hierüber Verschwiegenheit zu bewahren.

§ 11
Auflösung

Das Kuratorium löst sich auf, wenn sein Zweck erfüllt ist. Es genügt, daß die zweckentsprechende Mittelverwendung aufgrund längerfristiger Vorkehrungen gewährleistet erscheint.

Eine vorzeitige Auflösung bedarf des Beschlusses der Mehrheit von zwei Dritteln der statutengemäßen Mitgliederzahl.

Bei der Auflösung des Kuratoriums verbleibt ein noch vorhandenes Sammelvermögen in der Trägerschaft der Stadt Borken (Hessen), die es endgültig dem in § 2 festgelegten Zweck zuführt.

Borken (Hessen), den 13. Juli 1988

Literatur

Literatur zum Projekt

ARBEITSGRUPPE STOLZENBACHHILFE (HG.):
Hilfsprogramm zur gesundheitlichen Betreuung der Betroffenen des Grubenunglücks in Stolzenbach bei Borken, PreussenElektra, Hannover 1989

ARBEITSGRUPPE STOLZENBACHHILFE (HG.):
Tätigkeitsberichte I-III, Hannover 1989, 1990, 1991

LANDRAT DES SCHWALM-EDER-KREISES (HG.):
Grubenunglück Stolzenbach 1. Juni 1988: Einsatzdokumentation, Homburg (Efze), o.J.

Literatur zum Thema »Umgang mit Katastrophenfolgen«

ALLARDT, E.:
About Dimensions of Welfare – An Exploratory Analysis of a Comparative Scandinavian Survey, Finnish Political Science Association, Helsinki 1973

AMERICAN PYCHIATRIC ASSOCIATION:
Diagnostisches und statistisches Manual psychischer Störungen, DSM-III-R, Beltz, Weinheim/Basel 1989

BOJANOVSKY, JÖRG:
Verwitwete. Ihre gesundheitlichen und sozialen Probleme, Psychologie Verlags Union/Beltz, München/Weinheim 1986

CANACAKIS, J. :
Ich sehe deine Tränen, Kreuz-Verlag, Stuttgart 1987

CHIARI, M.-T.:*)
Eine Untersuchung zur Erfassung der PTSD mitbedingenden Variablen, sowie die Aufdeckung von Zusammenhängen mit Bewältigungsstrategien und subjektiven Befindlichkeitsstrukturen unter besonderer Berücksichtigung von SCL-90-R und EWL-K. Dissertation; Marburg 1992

ELIZUR, E.; KAFFMANN, M.:
Children's bereavement reactions following death of the father: II
Journal of Psychiatry 21: 474-480 (1982)

GONTHER, U.:*)
Die psycho-sozialen Folgen einer zivilen Katastrophe. Symptomatik post-traumatischer Reaktionen untersucht mit der Symptom-Check-List 90-R. Dissertation; Marburg 1992

GRIEBENOW, B.:*)
Posttraumatisches Streßsyndrom und Risikofaktor soziales Umfeld. Verschiedene Aspekte des sozialen Netzes untersucht mit dem Fragebogen zur sozialen Unterstützung. Dissertation; Marburg 1992

HODGKINSON, P.E.; STEWART, M.:
Coping with Catastrophe – A Handbook of Disaster Management, Routledge, London/New York 1991

JATZKO, S.:
4 Jahre Ramstein-Nachsorge. Qualifikationsarbeit, vorgelegt am Bremer Institut für Psychotherapie und Psychosomatik, Bremen/Kaiserslautern 1992

KAPPERT-GONTHER, K.:*)
Die Post-Traumatische Belastungsstörung und Effektivität der Streßverarbeitung. Posttraumatisch angewendete Streßverarbeitungsstrategien. Dissertation; Marburg 1992

KAST, VERENA:
Der schöpferische Sprung. Vom therapeutischen Umgang mit Krisen, Deutscher Taschenbuch Verlag, München 1989

*) Diese Arbeit entstand im Rahmen der wissenschaftlichen Begleitforschung zur Arbeit der Arbeitsgruppe Stolzenbachhilfe.

LINDEMANN, E.:
Jenseits von Trauer – Beiträge zur Krisenbewältigung und Krankheitsverarbeitung, Vandenhoeck & Ruprecht, Göttingen 1985

LINDEMANN, E.:
Symptomatology and Management of Acute Grief, American Journal of Psychiatry 101: 141-148, 1944

MALT, U.:
Coping with accidental injury, Pychiatric Medicine 10: 135-147 (1992)

MALT, U.; OLAFSEN, M.:
Psychological appraisal and emotional response to physical injury: A clinical, phenomenological study of 109 adults, Pychiatric Medicine 10: 117-134 (1992)

MATHES, R.; GÄRTNER, H.-D.; CZAPLICKI, ANDREAS:
Kommunikation in der Krise Anatomie eines Medienereignisses. Das Grubenunglück in Borken. Institut für Medienentwicklung und Kommunikation (IMK), Frankfurt am Main 1991

RAPHAEL, B.:
When Disaster Strikes. A Handbook for the Caring Professions, Century Hutchinson Ltd., London 1986

REMSCHMIDT, H.; WALTER, R.:
Psychische Auffälligkeit bei Schulkindern. Eine epidemiologische Untersuchung, Huber/Hogrefe, Bern/Göttingen 1990

SCHÜFFEL, W.:
Bewältigung schwerer Verluste – Ärztlicher Einsatz im Katastrophenfall, Hessisches Ärzteblatt, 50 Jg., 1989

SCHÜFFEL, W.; PIEPER, G.:
Die gesundheitliche Betreuung der Hinterbliebenen und Betroffenen nach dem Explosionsunglück in der Braunkohlengrube Stolzenbach, Braunkohle, Heft 5, 1992

HOLEN, A.; MALT, U.; SUND, A; WEISAETH, L.:
Ulykker, katastroffer og Stress (darin: »Letter to Victims of disaster«), Gyldendahl Forlag, Oslo 1985

TERR, L.C.:
Chowchilla revisited: the effects of psychic trauma four years after a

school-bus-kidnapping, The American Journal of Ortho-Psychiatry
140 (12):1543-1550, 1985

WEISAETH, L.:
Post-traumatic stress disorders after an industrial disaster: Point
prevalences, etiological and prognostic factors, In: Pichot, P. et al.:
Post-traumatic stress disorder after an industrial disaster in Psychiatry – The state of the Art, Plenum Press, New York, pp. 299-307, 1985

WEISAETH, L.:
A study of behavioural responses to an industrial disaster, Acta
Psychiatrica Scandinavia Suppl. 355, 80, 13-24, 1989.

WHO:
Internationale Klassifikation psychischer Störungen, ICD 10, Huber,
Bern/Göttingen/Toronto 1991

WHO:
Psychosocial consequences of disasters, Division of Mental Health,
WHO 1211, Geneva 27, 1992

Workshop European Concerted Action for Coping with Disaster (Eu-
roActDis) in Marburg, 22./23.5.1989 (die Workshop-Protokolle enthalten persönliche Gespräche mit Fachleuten, die Katastrophenopfer
betreut haben, darunter Frau B. Raphael/Australien; Lundin/Upp-
sala; R. Rosser/London; J.J. Lopez-Ibor/Madrid), Marburg 1989

Ralf Jerneizig / Arnold Langenmayr /
Ulrich Schubert
**Leitfaden zur Trauertherapie und
Trauerberatung**
1991. 124 Seiten, kartoniert. ISBN 3-525-45737-5

Erich Lindemann
Jenseits von Trauer
Beiträge zur Krisenbewältigung und Krankheitsvor-
beugung. Herausgegeben von Peter Kutter. Aus dem
Amerikanischen von Dagmar Friedrich. 1985. VIII, 204
Seiten mit 11 Abbildungen, kartoniert. ISBN 3-525-45677-8

Erika Schuchardt
Warum gerade ich? – Leiden und Glaube
Pädagogische Schritte mit Betroffenen und Leidenden. Mit
vollständiger Bibliographie nahezu aller 1000 Lebens-
geschichten der Weltliteratur von 1900 bis 1992, alphabe-
tisch gegliedert und annotiert. Mit einem Geleitwort der
Generalsekretärin des Lutherischen Weltbundes und des
Weltkirchenrates und einem Nachwort des Ratsvor-
sitzenden der EKD. 7., erweiterte Auflage 1992. Ca. 216
Seiten, kartoniert. ISBN 3-525-62330-5

Nicholas Wolterstorff
Klage um einen Sohn
Aus dem Amerikanischen von Sabine und Arndt Ruprecht.
1988. 115 Seiten, kartoniert. ISBN 3-525-63355-6

Jürgen Kind
Suizidal
Die Psychoökonomie einer Suche
1992. 203 Seiten, kartoniert. ISBN 3-525-45749-9

V&R   Vandenhoeck & Ruprecht

Karl König
Kleine psychoanalytische Charakterkunde
(Sammlung Vandenhoeck). 144 Seiten, Paperback.
ISBN 3-525-01417-1

Christa Rohde-Dachser (Hg.)
Beschädigungen
Psychoanalytische Zeitdiagnosen. (Sammlung
Vandenhoeck). 1992. 192 Seiten, Paperback.
ISBN 3-525-01420-1

Udo Rauchfleisch
Allgegenwart von Gewalt
(Sammlung Vandenhoeck). 1992. 258 Seiten, Paperback.
ISBN 3-525-01419-8

Peter Kutter
Sozialarbeit und Psychoanalyse
Möglichkeiten und Grenzen von Kooperation und Integration. (Kleine Vandenhoeck-Reihe 1399). 1974. 109 Seiten,
kartoniert. ISBN 3-525-33363-3

Arno Hellwig / Matthias Schoof (Hg.)
**Psychotherapie und Rehabilitation
in der Klinik**
1990. 189 Seiten mit 34, teils farbigen Abbildungen, kartoniert. ISBN 3-525-45721-9

V&R **Vandenhoeck & Ruprecht**